cocina práctica

cazuelas
y guisados

TRIDENT
PRESS
INTERNATIONAL

Publicado por:
TRIDENT PRESS INTERNATIONAL
801 12th Avenue South, Suite 400
Naples, Fl 34102 USA
Copyright©Trident Press International 2003
Tel: + 1 239 649 7077
Fax: + 1 239 649 5832
Email: tridentpress@worldnet.att.net
Sitio web: www.trident-international.com

créditos

Cocina práctica, Cazuelas y guisados

Edición en español
Producción general: Isabel Toyos
Traducción: Aurora Giribaldi
Adaptación de diseño: Mikonos Comunicación Gráfica
Corrección y estilo: Aurora Giribaldi y Marisa Corgatelli

Incluye índice
ISBN 1582794820
EAN 9781582794822
UPC 6 15269 94820 0

Edición impresa en 2003

Computer Typeset in Humanist 521
& Times New Roman

Impreso en Colombia

introducción

introducción

Las cazuelas son populares por tres razones principales: se pueden preparar de antemano, no exigen cuidado constante durante la cocción y son apetitosas y fáciles de servir.

Su éxito se basa en la armonía de sabores de sus componentes, y casi todas mejoran si se elaboran con anticipación. Muchas son aptas para tenerlas listas en el frigorífico y descongelarlas cuando sea necesario. Otras pueden cocinarse el día anterior al del consumo y conservarse en el refrigerador hasta el momento de recalentarlas para servir. También funcionan como recursos de emergencia, pues llevan ingredientes que casi siempre están disponibles en el hogar y se prestan a multiplicar porciones para cualquier número de comensales. Como casi todas las cazuelas requieren cocción lenta, son una excelente manera de utilizar los cortes de carne más duros (y más económicos), que al cocinarse despacio por un tiempo prolongado resultan tan tiernos y sabrosos como los más caros. Las cazuelas son ideales para aprovechar sobrantes que, combinados con otros productos, se convierten en un platillo nuevo.

Muchas cazuelas contienen todos los elementos necesarios para una comida balanceada —carne, vegetales y salsa— y pueden acompañarse con una ensalada simple o con pan francés; así, el cocinero queda liberado de ocuparse de la guarnición a último momento. El mejor modo de presentar las cazuelas es en el recipiente en el que fueron cocinadas, y que les da nombre; con la variedad de atractivas cazuelas refractarias que ofrece el mercado, no será difícil que cada cual encuentre una de color, diseño y medida acordes con sus preferencias.

Lo mejor de una cazuela es que se cocina sola. Una vez que se preparan los ingredientes (algo que puede hacerse mucho antes de iniciar la cocción) todo lo que hay que hacer es relajarse y dejarlos en el horno o sobre el fuego mientras se comparte la espera con la familia o los invitados.

Pollo a la española con chorizo. Foto y receta en página 75.

cordero de la granja

cordero
exquisito

La cocción lenta del cordero brinda un sinfín

de tentadoras opciones, desde estofados mediterráneos

hasta curries y delicias frutadas orientales.

cordero
de la granja

Foto en página 7 y abajo

cordero
exquisito

Preparación

1 En una cazuela apta para llama calentar el aceite y dorar el cordero de todos lados. Incorporar el romero, el bouquet garni y el azúcar morena. Sazonar a gusto con pimienta.

2 Verter el vino y el caldo. Llevar a hervor, bajar la llama, tapar parcialmente la cazuela y cocinar a fuego lento 1 ¹/₂ hora, o hasta que el cordero esté tierno.

3 Cuando falten 30 minutos para terminar la cocción, calentar la mantequilla en una sartén grande de base pesada. Añadir las cebollas, las zanahorias, las papas y los nabos. Bajar el fuego y cocinar lentamente 15 minutos o hasta que estén casi a punto.

4 Retirar de la cazuela el romero y el bouquet garni. Incorporar las hortalizas y cocinar 10 minutos más, para que se combinen los sabores. Servir el cordero con las hortalizas y rociar con el fondo de cocción.

Nota: Para concentrar el caldo, colocar 2 tazas/500 ml/16 fl oz en una cacerolita y hervir hasta que se reduzca a la mitad.

6 porciones

ingredientes

3 cucharadas de aceite
1,5 kg/3 lb de jarretes de cordero
4 ramitas de romero fresco
1 bouquet garni
1 cucharadita de azúcar morena
pimienta negra recién molida
1 taza/250 ml/8 fl oz de vino blanco
1 taza/250 ml/8 fl oz de caldo concentrado de verduras
60 g/2 oz de mantequilla
6 cebollas pequeñas, enteras
3 zanahorias, rebanadas
3 papas, trozadas
3 nabos, trozados

Temperatura del horno 150°C/300°F/Gas 2

tagine
especiado de cordero

Preparación

1 Calentar una sartén antiadherente sobre fuego mediano. Añadir el cordero y cocinar, revolviendo, 5 minutos o hasta que se dore. Pasarlo a una cazuela.

2 En la sartén colocar las cebollas, la canela, el clavo de olor y el garam masala. Cocinar, revolviendo, 3 minutos o hasta que las cebollas estén tiernas.

3 Incorporar a la cazuela la preparación de cebollas, los tomates, el caldo, los garbanzos, las papas, las zanahorias, las pasas y la cáscara de naranja. Hornear 75-90 minutos o hasta que el cordero esté tierno.

4 Agregar el almidón disuelto y volver al horno 5-10 minutos más, hasta que el líquido de la cocción espese ligeramente. Servir con cuscús.

4 porciones

ingredientes

500 g/1 lb de cordero magro en dados
2 cebollas, picadas
1 cucharadita de canela molida
$^1/_2$ cucharadita de clavo de olor molido
1 cucharadita de garam masala
440 g/14 oz de tomates en lata, triturados con su jugo
2 tazas/500 ml/16 fl oz de caldo de res
250 g/8 oz de garbanzos en lata, escurridos y enjuagados
3 papas, trozadas
2 zanahorias, trozadas
45 g/1 $^1/_2$ oz de pasas de uva rubias
2 cucharaditas de cáscara de naranja finamente rallada
3 cucharaditas de almidón de maíz disueltas en 1 cucharada de agua
cuscús para acompañar

guiso
ateniense de cordero

Preparación

1 *Desgrasar el cordero. Calentar 2 cucharadas de aceite en una cacerola grande. Cocinar el cordero por tandas hasta que esté bien dorado de todos lados. Pasarlo a un plato y reservarlo.*

2 *En la misma cacerola calentar el aceite restante y cocinar la cebolla y el pimiento 2-3 minutos o hasta que la cebolla se ablande. Agregar el extracto de tomate y el caldo. Revolver raspando el fondo de la cacerola.*

3 *Añadir el cardamomo, la canela y la pimienta. Llevar a hervor, bajar la llama y cocinar lentamente 5 minutos. Incorporar el cordero reservado y el cilantro. Tapar y cocinar a fuego lento 1 1/2 hora o hasta que el cordero esté tierno y la salsa espese.*

6 porciones

ingredientes

1 kg/2 lb de cordero deshuesado, en cubos
3 cucharadas de aceite de oliva
2 cebollas, finamente picadas
1 pimiento verde, sin semillas y picado
250 ml/8 fl oz de extracto de tomate
185 ml/6 fl oz de caldo de pollo
1/2 cucharadita de cardamomo molido
1 rama de canela
pimienta negra recién molida
2 cucharadas de cilantro fresco picado

cordero
con ajo a la cacerola

Preparación

1 En un bol unir el ajo, el garam masala, las migas de pan, los piñones, las pasas y la cáscara de limón. Colocar la mezcla en la cavidad de la pierna de cordero y atar con hilo. Combinar la nuez moscada con la canela y la pimienta y frotar toda la superficie del cordero.

2 Calentar el aceite en una cacerola grande. Disponer en ella el cordero y dorarlo a fuego vivo. Verter el caldo, tapar y cocinar a fuego lento 25 minutos, dando vuelta de tanto en tanto. Añadir el jugo de limón, tapar y seguir cocinando lentamente 25 minutos más. Agregar el camote y cocinar 5 minutos más. Retirar el cordero y reservarlo al calor. Incorporar las judías a la cacerola y cocinar hasta que estén tiernas. Sazonar a gusto. Para servir, rebanar el cordero y acompañarlo con los vegetales.

8 porciones

ingredientes

3 dientes de ajo, machacados
1 cucharadita de garam masala
125 g/4 oz de migas de pan fresco
2 cucharadas de piñones
1 cucharada de pasas de uva
1 cucharadita de cáscara de limón rallada
1 $^{1}/_{2}$ kg/3 lb de pierna de cordero deshuesada para rellenar
$^{1}/_{2}$ cucharadita de nuez moscada molida
$^{1}/_{2}$ cucharadita de canela molida
$^{1}/_{2}$ cucharadita de pimienta negra molida
2 cucharadas de aceite de oliva
2 tazas/500 ml/16 fl oz de caldo de pollo
2 cucharadas de jugo de limón
250 g/8 oz de camote anaranjado, en juliana
250 g/8 oz de judías verdes, despuntadas

berenjenas
rellenas con cordero

cordero
exquisito

Preparación

1 *Quitarles el tallo a las berenjenas. Practicarles cortes a lo ancho a intervalos de 2 cm/ 3/4 in, sin separar del todo las rodajas. Espolvorear los cortes con abundante sal y dejar reposar 30 minutos. Enjuagar con agua fría y secar con papel absorbente.*

2 *Combinar el cordero, la cebolla, el ajo, el pimiento, la albahaca, el orégano y el chile. Repartir la mezcla en los cortes de las berenjenas. Ubicarlas en un trasto para horno.*

3 *Unir el puré de tomate con el caldo y verter sobre las berenjenas. Distribuir arriba el queso y trocitos de mantequilla. Hornear 45 minutos, rociando con el líquido durante la cocción.*

8 porciones

ingredientes

**8 berenjenas de 125 g/4 oz cada una
abundante sal
500 g/1 lb de cordero magro molido
1 cebolla, finamente picada
1 diente de ajo, machacado
pimienta negra recién molida
1 pimiento rojo pequeño,
sin semillas y picado
2 cucharadas de albahaca fresca
finamente picada
1/2 cucharadita de orégano seco
1/2 cucharadita de chile en polvo
125 ml/4 fl oz de puré de tomate
125 ml/4 fl oz de caldo de pollo
4 cucharadas de queso
parmesano rallado
2 cucharadas de mantequilla**

Temperatura del horno 180°C/350°F/Gas 4

Temperatura del horno 180°C/350°F/Gas 4

cordero
al horno

Preparación

1 Con un cuchillo filoso hacer incisiones en la superficie del cordero. Insertar en ellas el ajo y el romero. Espolvorear con pimienta y disponer en un trasto para horno. Hornear 1 hora. Retirar del horno y escurrir los jugos del trasto.

2 Rebanar las mitades de papas sin separar del todo las tajadas. Pincelarlas con el jugo de limón y acomodarlas alrededor del cordero. Cubrir con los tomates y las cebollas. Mezclar el caldo con el vermut y verter sobre el cordero y los vegetales. Añadir la corteza de limón y la canela. Esparcir trocitos de mantequilla y hornear 1 $^1/_2$ hora.

4 Retirar el cordero del trasto. Envolverlo en papel de aluminio y dejarlo reposar 15 minutos. Descartar el exceso de grasa que haya quedado en el trasto. Para servir, rebanar el cordero y acompañar con las papas y la salsa de tomate y cebolla.

Nota: Adaptación de una receta del Medio Oriente que tradicionalmente se preparaba en las casas y se llevaba a la panadería para hornearla.

6 porciones

ingredientes

2 kg/4 lb de pierna de cordero
2 dientes de ajo, machacados
6 ramitas de romero fresco
pimienta negra recién molida
6 papas, peladas y en mitades
a lo largo
2 cucharadas de jugo de limón
4 tomates, pelados y picados
2 cebollas, picadas
125 ml/4 fl oz de caldo de pollo
3 cucharadas de vermut seco
1 trozo de 1 cm/$^1/_2$ in de corteza
de limón
1 trocito de canela en rama
2 cucharadas de mantequilla

Temperatura del horno 150°C/300°F/Gas 2

cordero
con tomate y tomillo

Preparación

1 Colocar el cordero, los chalotes y el pimiento en una cazuela grande. Unir la salsa de tomate con el vinagre, el agua, el ajo y el tomillo y verter sobre el cordero.

2 Tapar y hornear $2^{1}/_{2}$ horas o hasta que el cordero esté muy tierno. Sazonar con pimienta a gusto. Presentar de inmediato o dejar enfriar y servir a temperatura ambiente.

Nota: Caliente o frío, este platillo es una comida deliciosa y suculenta para saborear en familia. El cordero resulta tan tierno que la carne casi se desprende del hueso.

4 porciones

ingredientes

4 rodajas de pata de cordero
2 chalotes, picados
I pimiento rojo, picado
250 ml/8 fl oz de salsa de tomate
125 ml/4 fl oz de vinagre de sidra
250 ml/8 fl oz de agua
I diente de ajo, machacado
I cucharadita de tomillo fresco finamente picado
pimienta negra recién molida

cordero
con habas, aceitunas y risoni

Preparación

1 Calentar el aceite en una cacerola grande. Añadir el ajo, el cordero y la cebolla; cocinar 5 minutos o hasta que el cordero se dore ligeramente.

2 Incorporar el caldo, las ramitas de orégano, el extracto de tomate y la mitad del agua. Llevar a hervor, bajar el fuego, tapar y cocinar lentamente 40 minutos.

3 Retirar el cordero, deshuesarlo y reservarlo.

4 Agregar a la cacerola los risoni y el resto del agua; cocinar 5 minutos. Incorporar las habas, las aceitunas, el cordero, el orégano picado, sal y pimienta. Cocinar 5 minutos más y servir.

Nota: Si las habas son grandes, conviene quitarles la piel externa.

4-6 porciones

ingredientes

2 cucharadas de aceite de oliva
2 dientes de ajo, machacados
4 rodajas de pata de cordero
1 cebolla, picada
500 ml/16 fl oz de caldo de res
4 ramitas de orégano fresco
2 cucharadas de extracto de tomate
500 ml/16 fl oz de agua
1 taza de risoni
1 taza de habas
1/2 taza de aceitunas
2 cucharaditas de orégano fresco, picado
sal y pimienta recién molida

cazuela
de cordero con cuscús y gremolata

cordero
exquisito

Preparación

1 Precalentar el horno. Salpimentar la harina, colocarla en un plato grande y rebozar el cordero. Calentar el aceite en una sartén grande sobre fuego mediano y cocinar el cordero, en dos tandas, 2-3 minutos de cada lado, hasta dorar. Con ayuda de una espumadera, pasarlo a una cazuela.

2 Agregar los pimientos a la sartén y cocinar 2 minutos. Incorporar los tomates y llevar a hervor. Añadir todo a la cazuela y hornear 40 minutos o hasta que el cordero esté tierno. Mientras tanto, combinar todos los ingredientes de la gremolata.

3 Preparar el cuscús como indique el envase. Airearlo con ayuda de un tenedor. Calentar el aceite en una sartén pequeña sobre fuego mediano y cocinar la cebolla 10 minutos o hasta que esté dorada. Mezclarla con el cuscús. Esparcir la gremolata sobre el guiso de cordero y servir con el cuscús.

Nota: La gremolata es una combinación de hierbas finamente picadas, ajo y cáscara de cítricos. Si se incorpora al guiso justo antes de servir, le otorga un insospechado toque refrescante.

4 porciones

ingredientes

sal marina y pimienta negra
recién molida
2 cucharadas de harina
800 g/25 oz de cordero desgrasado,
en cubos
2-3 cucharadas de aceite de oliva
1 pimiento verde y 1 amarillo, sin
semillas y picados
420 g/14 oz de tomates en lata,
triturados

Gremolata
1 diente de ajo, finamente picado
3 cucharadas de perejil fresco
finamente picado
cáscara rallada de 1 limón

Cuscús
250 g/8 oz de cuscús
1 cucharada de aceite de oliva
1 cebolla grande, finamente rebanada

Temperatura del horno 180°C/350°F/Gas 4

Temperatura del horno 160°C/325°F/Gas 3

cazuela
de cordero con albaricoques

Preparación

1 *Precalentar el horno. En una cazuela apta para horno y llama calentar el aceite sobre fuego directo. Añadir el cordero y cocinar alrededor de 5 minutos, hasta dorar. Retirar y mantener al calor.*

2 *Agregar a la cazuela la cebolla y el ajo; cocinar 5 minutos o hasta que se ablanden. Incorporar el cordero, la harina, el coriandro y el comino y revolver 1 minuto. Verter despacio el caldo y el vino; llevar a hervor, sin dejar de revolver. Agregar los champiñones, el puré de tomate, el bouquet garni y la pimienta. Mezclar, tapar y hornear 1 hora.*

3 *Añadir los albaricoques y cocinar 30 minutos más o hasta que el cordero esté tierno. Descartar el bouquet garni, incorporar el cilantro picado y decorar con hojas de cilantro.*
Nota: *La pierna es el corte más magro del cordero y el que menos calorías aporta. Los albaricoques secos son una buena fuente de fibra soluble e insoluble y de betacarotenos.*

4 porciones

ingredientes

1 cucharada de aceite de girasol
450 g/1 lb de cordero magro deshuesado, en cubos de 2 ¹/₂ cm/1 in
1 cebolla grande, picada
1 diente de ajo, finamente picado
2 cucharadas de harina
1 cucharadita de coriandro molido
1 cucharadita de comino molido
350 ml/12 fl oz de caldo de verduras
150 ml/5 fl oz de vino tinto
225 g/8 oz de champiñones baby
1 cucharada de puré de tomate
1 bouquet garni
pimienta negra
175 g/6 oz de albaricoques secos
2 cucharadas de cilantro fresco picado y algunas hojas para decorar

curry
de cordero y espinaca

Preparación

1 Calentar el aceite en una cazuela apta para llama o en una cacerola grande de base pesada. Freír 5 minutos las cebollas, el ajo, el jengibre, la canela, el clavo de olor y el cardamomo, para que los vegetales se ablanden y las especias suelten su aroma.

2 Incorporar el cordero y freír 5 minutos, removiendo hasta que empiece a tomar color. Agregar el comino y el coriandro. Añadir el yogur por cucharadas, mezclando cada vez.

3 Unir en el puré de tomate con el caldo y verter en la cazuela. Sazonar a gusto. Llevar a hervor, bajar la llama, tapar y cocinar a fuego lento 30 minutos o hasta que el cordero esté tierno.

4 Agregar la espinaca, mezclar, tapar y cocinar lentamente 15 minutos más o hasta que el líquido se reduzca. Descartar la canela y el cardamomo e incorporar las almendras.

Nota: Este platillo es muy aromático pero no picante, por eso tiene éxito incluso entre los que no toleran los curries fogosos. Se puede acompañar con arroz blanco.

4 porciones

ingredientes

2 cucharadas de aceite
2 cebollas, picadas
2 dientes de ajo, machacados
1 trozo de 2 $^{1}/_{2}$ cm/1 in de jengibre fresco, finamente picado
1 rama de canela
$^{1}/_{4}$ cucharadita de clavo de olor molido
3 vainas de cardamomo
600 g/1 lb 5 oz de cordero en dados
1 cucharada de comino molido
1 cucharada de coriandro molido
4 cucharadas de yogur natural
2 cucharadas de puré de tomate
200 ml/7 fl oz de caldo de res
sal y pimienta negra
500 g/16 oz de espinaca fresca, finamente picada
2 cucharadas de almendras fileteadas y tostadas

ossobuco
de cordero

Preparación

1 Precalentar el horno. Condimentar la harina con sal y pimienta, ponerla en un plato y empolvar el cordero. Calentar 1 cucharada de aceite en una sartén grande de base pesada. Incorporar el cordero y cocinar sobre fuego mediano a fuerte 5-8 minutos, dando vuelta con frecuencia, hasta que se dore de todos lados. Pasarlo a una fuente refractaria honda.

2 Calentar el aceite restante en la sartén. Añadir la cebolla, la zanahoria y el apio y cocinar sobre fuego suave 4-5 minutos, hasta que se ablanden. Agregar los tomates, el extracto, el vino y el caldo; llevar a hervor, revolviendo cada tanto. Verter sobre el cordero, tapar con papel de aluminio y hornear 1 ³/₄-2 horas, dando vuelta a media cocción, hasta que esté tierno. Sazonar a gusto.

3 Para hacer el realce, mezclar el perejil con la menta, la cáscara de limón y el ajo. Esparcir sobre el cordero y servir.

Nota: En esta receta italiana el cordero se cocina muy despacio, hasta que se torna extremadamente tierno, y resulta suficiente para satisfacer grandes apetitos. Se sirve con tallarines anchos.

4 porciones

ingredientes

2 cucharadas de harina
sal y pimienta negra
4 rodajas de pata de cordero, desgrasadas
2 cucharadas de aceite de oliva
1 cebolla, finamente picada
1 zanahoria, finamente picada
1 tallo de apio, finamente picado
410 g/13 oz de tomates triturados con ajo y hierbas, en lata
1 cucharada de extracto de tomate
150 ml/5 fl oz de vino blanco seco
500 ml/16 fl oz de caldo de cordero

Realce
1 cucharada de perejil fresco picado
1 cucharada de menta fresca picada
cáscara finamente rallada de 1 limón
1 diente de ajo, finamente picado

Temperatura del horno 160°C/325°F/Gas 3

cordero
a la sidra

Preparación

1 *Precalentar el horno. Calentar 1 cucharada de aceite en una sartén grande de base pesada. Añadir las chuletas y cocinar 1-2 minutos de cada lado, hasta dorar. Retirarlas de la sartén y en ella cocinar los riñones 30 segundos de cada lado o hasta que se doren apenas.*

2 *Acomodar la mitad de la cebolla y de las papas dentro de una cazuela. Disponer las chuletas y la mitad de las zanahorias, el puerro y el apio. Colocar los riñones y el resto de zanahorias, puerro y apio, sazonando cada ingrediente. Terminar con la cebolla y las papas restantes e insertar las ramitas de mejorana u orégano. Verter con cuidado la sidra y pincelar la superficie con el resto del aceite.*

3 *Tapar y hornear 1 ¹/₂-2 horas, hasta que el cordero esté tierno. Destapar, ubicar en el estante superior del horno y cocinar 20-30 minutos más, hasta dorar.*
   Nota: *Esta cazuela de cocción lenta da por resultado una carne extremadamente tierna. Es ideal para un almuerzo de fin de semana, pues una vez que está en el horno el cocinero puede olvidarse de ella por un par de horas.*
   4 porciones

ingredientes

**2 cucharadas de aceite de oliva
4 chuletas de cordero
6 riñones de cordero, limpios
y en mitades
1 cebolla, rebanada
750 g/1 ¹/₂ lb de papas, rebanadas
2 zanahorias, rebanadas
1 puerro grande, rebanado
2 tallos de apio, rebanados
sal y pimienta negra
3 ramitas de mejorana u
orégano frescos
300 ml/10 fl oz de sidra seca**

Temperatura del horno 180°C / 350°F / Gas 4

lancashire
hotpot

Preparación

1 *Precalentar el horno. Calentar 25 g/1 oz de mantequilla en una sartén y cocinar el cordero 5 minutos de cada lado, para dorarlo. En una cazuela grande disponer la mitad de las papas, de las cebollas y de las zanahorias, salpimentando ligeramente cada capa. Colocar el cordero y repetir en orden inverso las capas de vegetales, sazonando cada una. Bañar con el caldo y distribuir el resto de la mantequilla, en trocitos.*

2 *Tapar la cazuela y hornear 30 minutos. Bajar la temperatura a 150°C/300°F/Gas 2 y cocinar 1 hora. Subir nuevamente la temperatura a 200°C/400°F/Gas 6, destapar la cazuela y seguir cocinando 30-40 minutos, hasta que las papas se doren.*

Nota: *En este platillo tradicional se forma un sándwich con capas de hortalizas y en el medio el cordero, que resulta muy tierno. Es una comida sustanciosa y para completarla sólo se necesita un buen vaso de cerveza o de sidra.*

4 porciones

ingredientes

40 g/1 ¹/₂ oz de mantequilla
4 chuletas grandes u 8 costillitas de cordero, desgrasadas
750 g/1 ¹/₂ lb de papas, finamente rebanadas
2 cebollas grandes, rebanadas
3 zanahorias grandes, rebanadas
sal y pimienta negra
400 ml/14 fl oz de caldo de cordero

cordero
con lychees

Preparación

1 Precalentar el horno. Desgrasar los medallones de cordero, abrirlos en mariposa y golpearlos ligeramente con el mazo, para aplanarlos. Escurrir los lychees y reservar el jugo. Insertar una nuez pacana entre dos lychees, disponer sobre un medallón de cordero, enrollar y sujetar con palillos. Repetir con el resto de los ingredientes.

2 Dorar los rollitos de cordero en una sartén antiadherente. Pasarlos a una cazuela grande. En la sartén calentar la mantequilla y freír la cebolla. Añadir el almidón disuelto en $^1/_4$ de taza del jugo de los lychees. Verter el caldo y el vino, llevar a hervor y sazonar a gusto. Volcar sobre el cordero y tapar. Colocar los vegetales en otra cazuela con un poco de agua; tapar.

3 Hornear el cordero y los vegetales 30 minutos. Cocinar los fideos como indique el envase. Quitar los palillos de los rollitos. Servir con los vegetales y los fideos. Adornar con lychees y pacanas.

4-6 porciones

ingredientes

12 medallones de lomo de cordero
565 g/17 oz de lychees en lata
50 g/1 $^2/_3$ oz de nueces pacanas
2 cucharaditas de mantequilla
1 cebolla, rebanada
$^1/_4$ taza de almidón de maíz
1 taza/250 ml/8 fl oz de caldo de pollo
1 taza/250 ml/8 fl oz de vino blanco
400 g/13 oz de calabaza amarilla baby
300 g/9 $^1/_2$ oz de judías verdes, despuntadas
2 tazas de fideos caracoles o espirales

Temperatura del horno 170°C/340°F/Gas 4

curry
dulzón de cordero

Preparación

1 Desgrasar las chuletas y secarlas con papel absorbente. Calentar el aceite en una cacerola grande de base pesada o en una sartén honda con tapa. Incorporar la cebolla y el ajo y freír sobre fuego moderado hasta que se doren. Retirarlos con una espumadera y reservarlos.

2 Subir el fuego y dorar rápidamente las chuletas, de ambos lados, en dos o tres tandas. Pasarlas a un plato y escurrir casi todo el aceite de la cacerola. Agregar el curry y el jengibre y revolver sobre el fuego hasta que desprendan su aroma. Verter el agua y revolver raspando el fondo de la cacerola. Salpimentar.

3 Añadir la cebolla y el ajo reservados, tapar y cocinar a fuego lento 1 hora. Incorporar las frutas, el azúcar y la canela y cocinar lentamente alrededor de 1 hora más, hasta que el cordero esté muy tierno. Si fuera necesario, agregar agua durante la cocción.

4 Pasar las chuletas a una fuente precalentada. Suavizar la salsa con el yogur, si se desea, y volcar sobre las chuletas. Servir con arroz hervido.

4-6 porciones

ingredientes

6 chuletas de cordero (850 g/28 oz)
1 cucharada de aceite
1 cebolla grande, finamente picada
1 diente de ajo, machacado
1 $^{1}/_{2}$ cucharada de curry en polvo tipo Madrás
$^{1}/_{2}$ cucharadita de jengibre molido
2 tazas/500 ml/16 fl oz de agua
sal y pimienta
$^{3}/_{4}$ taza de frutas desecadas surtidas
1 cucharadita de azúcar morena
$^{1}/_{2}$ rama de canela
$^{1}/_{2}$ taza de yogur natural (opcional)

korma
de cordero

Preparación

1 Deshuesar el cordero y cortarlo en cubos de 4 cm/1 ³/₄ in. Salpimentarlo.

2 Calentar la mantequilla clarificada en una cacerola grande de base pesada. Añadir el cordero, en tres tandas, y dorarlo bien de todos lados.

3 Agregar la cebolla y el ajo y sofreírlos hasta que estén transparentes. Incorporar el curry, las especias y la harina, revolver y cocinar 1 minuto. Añadir el caldo, las pasas y el cordero. Tapar y cocinar lentamente 1 hora o hasta que el cordero esté muy tierno, revolviendo de tanto en tanto.

4 Incorporar el yogur y el jugo de limón y mezclar. Servir con arroz hervido y panes indios.

4-6 porciones

ingredientes

1 ¹/₂ kg/3 ¹/₃ lb de paleta de cordero
sal y pimienta negra recién molida
2 cucharadas de mantequilla clarificada
1 cebolla, finamente picada
1 diente de ajo, finamente picado
1 cucharada de curry en pasta
¹/₄ cucharadita de jengibre molido
¹/₄ cucharadita de cúrcuma
¹/₈ cucharadita de pimienta de Cayena
2 cucharadas de harina
¹/₄ taza/315 ml/6 fl oz de
caldo de pollo
³/₄ taza/150 g de pasas de uva rubias
150 ml/5 fl oz de yogur natural
1 cucharada de jugo de limón

ruaraka
estofado de cordero a la menta

Preparación

1 Calentar la mitad del aceite en una cacerola o sartén de base pesada. Incorporar los tomates, los pimientos, la cebolla y la menta. Sofreír 5 minutos y retirar del recipiente.

2 Calentar el aceite restante y saltear rápidamente el cordero, para dorarlo de todos lados. Añadir el sofrito de vegetales, los albaricoques y agua suficiente para cubrir. Llevar a hervor, bajar la llama y cocinar a fuego lento 1 hora.

3 Salpimentar y, si fuera necesario, agregar más agua. Seguir cocinando despacio 1 hora más, hasta que el cordero esté muy tierno. Servir con arroz hervido.

6 porciones

ingredientes

2 cucharadas de aceite
4 tomates maduros, sin piel ni semillas
1 pimiento verde, sin semillas y finamente picado
1 cebolla grande, picada
2 cucharadas de menta fresca picada
1 kg/2 lb de pierna o paleta de cordero, en cubos
125 g/4 oz de albaricoques secos
sal y pimienta negra recién molida

del mar
a la olla

cazuela de mariscos

Si bien ciertos mariscos, como el

pulpo y el calamar, se benefician con una cocción prolongada, la mayoría de ellos requiere un tiempo limitado en la olla para convertirse en un manjar aromático, fresco y jugoso.

pulpitos
al vino tinto

Preparación

1 Limpiar los pulpitos quitándoles los intestinos, la bolsa de tinta, los ojos y el pico. Desprenderles la piel y enjuagarlos.

2 Disponer los pulpitos en una cacerola grande, tapar y cocinar a fuego lento 15 minutos. Escurrir el líquido que suelten y dejar enfriar ligeramente.

3 Calentar el aceite en una olla y cocinar los chalotes 2-3 minutos. Añadir el ajo y los pulpitos y cocinar 4-5 minutos. Verter el vino y seguir cocinando sobre fuego mediano hasta que se evapore casi por completo.

4 Combinar el caldo, los tomates, la cáscara de limón, la pimienta y el cilantro. Tapar y cocinar a fuego lento 1 $^1/_2$ hora, hasta que los pulpitos estén tiernos.

6 porciones

ingredientes

1 kg/2 lb de pulpitos
3 cucharadas de aceite
6 chalotes, picados
2 dientes de ajo, machacados
125 ml/4 fl oz de vino tinto seco
125 ml/4 fl oz de caldo de pollo
440 g/14 oz de tomates en lata, triturados con su jugo
1 cucharadita de cáscara de limón rallada
pimienta negra recién molida
2 cucharadas de cilantro fresco finamente picado

cazuela
de mariscos

Foto en página 27

Preparación

1 Calentar el aceite en una cazuela apta para llama. Sofreír la cebolla, el puerro y el ajo hasta que estén tiernos y ligeramente dorados. Añadir los tomates, el laurel, el perejil, el vino, sal y pimienta. Llevar a hervor, tapar y cocinar a fuego lento 20 minutos.

2 Incorporar los pescados y mariscos de carne más firme y cocinar lentamente 5 minutos. Agregar los más delicados, colocando los bivalvos arriba.

3 Tapar y seguir cocinando 5-7 minutos, hasta que todo esté a punto y los bivalvos se hayan abierto; descartar los que permanezcan cerrados. Servir adornando con hojas de laurel fresco.

Nota: Entre los pescados y mariscos aptos para esta receta figuran pez ángel, abadejo, calamares, mejillones, langostinos sin pelar y almejas.

4-6 porciones

ingredientes

1 cucharada de aceite de oliva
1 cebolla, picada gruesa
1 puerro, finamente picado
2 dientes de ajo, machacados
400 g/13 oz de tomates en lata
2 hojas de laurel
1 cucharada de perejil picado
60 ml/2 fl oz de vino blanco seco
sal y pimienta negra recién molida
1 kg/2 lb de pescados y mariscos surtidos
hojas de laurel fresco

bouillabaisse

Preparación

1 En un bol combinar el pescado con 3 cucharadas de aceite, el ajo y el jugo de limón. Tapar y dejar marinar 20 minutos.

2 Calentar el aceite restante en una cacerola grande. Incorporar las cebollas y los puerros y revolver sobre fuego suave 10 minutos o hasta que se ablanden. Añadir los tomates, el bouquet garni, el azafrán y la pimienta. Llevar a hervor, bajar la llama, tapar y cocinar a fuego lento 10 minutos.

3 Verter el caldo, llevar a hervor, bajar la llama y cocinar despacio 10 minutos, sin tapar. Agregar el pescado con su marinada, los cangrejos y la langosta. Llevar a hervor, bajar la llama y seguir cocinando lentamente, sin tapar, 8 minutos más. Incorporar los mejillones y cocinar hasta que se abran. Añadir el perejil y servir de inmediato.

Nota: Una sabrosa mixtura de favoritos marinos. Se sirve con tostadas perfumadas con hierbas o ajo, como plato único para un almuerzo informal.

8 porciones

ingredientes

500 g/1 lb de filetes de pescado firme, en cubos

7 cucharadas de aceite de oliva

4 dientes de ajo, machacados

3 cucharadas de jugo de limón

2 cebollas, picadas

2 puerros grandes, picados

410 g/13 oz de tomates en lata, triturados

1 bouquet garni

1 pizca de azafrán en hebras

$^{1}/_{2}$ cucharadita de pimienta negra molida

600 ml/1 pt de caldo de pescado

2 cangrejos grandes crudos, trozados con caparazón

cola de 1 langosta, trozada con caparazón

16 mejillones crudos

3 cucharadas de perejil finamente picado

estofado del mar
con hierba limón y leche de coco

Preparación

1 Picar finamente la hierba limón, descartando las partes duras y fibrosas. Calentar el aceite en una cacerola grande de base pesada, agregar los chiles y la hierba limón y freír 1 minuto.

2 Añadir el ajo y las zanahorias y freír 3-4 minutos, hasta que el ajo empiece a dorarse. Verter el caldo y la leche de coco. Llevar a hervor, bajar la llama y cocinar a fuego lento, sin tapar, 15 minutos o hasta que el líquido se reduzca ligeramente.

3 Mientras tanto, abrir los langostinos por el lomo y quitarles la vena con un cuchillo pequeño. Incorporar el pescado a la cacerola, tapar y cocinar a fuego lento 4-5 minutos, hasta que el pescado se torne opaco. Agregar las cebollas de rabo, los ostiones y los langostinos y cocinar 3-4 minutos, hasta que los langostinos tomen color rosa anaranjado y los ostiones estén a punto. Añadir el jugo y la cáscara de lima, mezclar y esparcir el cebollín.

Nota: Este platillo con fragancia cítrica es de inspiración tailandesa. Para elaborarlo resulta muy indicado el pez ángel, por la delicadeza de su sabor y su textura, pero puede reemplazarse por otro pescado.

ingredientes

3 tallos de hierba limón
2 cucharadas de aceite de maní
o de sésamo
2 chiles verdes, sin semillas
y rebanados
4 dientes de ajo, finamente rebanados
200 g/7 oz de zanahorias,
finamente rebanadas
315 ml/10 fl oz de caldo de pescado
410 ml/13 oz de leche de coco en lata
500 g/1 lb 2 oz de langostinos grandes
crudos, pelados
410 g/13 oz de pescado firme, en
trozos del tamaño de un bocado
1 manojo de cebollas de rabo,
en fina juliana
200 g/7 oz de ostiones
jugo y cáscara rallada de 1 lima
cebollín fresco tijereteado para decorar

6 porciones

guisado
de pescado mediterráneo
con rouille

Preparación

1   *Para hacer la rouille, machacar juntos en un mortero el ajo, el chile y el cilantro con una pizca de sal. Unir con la mayonesa y el aceite, sazonar a gusto y reservar en el refrigerador.*

2   *Cortar el pescado en trozos de 5 cm/2 in. Pelar y desvenar los langostinos. Cortar los calamares en anillos de 5 cm/2 in. Retirar los mejillones de las valvas (guardar algunos enteros para decorar).*

3   *Calentar el aceite en una cacerola grande de base pesada y freír la cebolla 4 minutos para ablandarla. Añadir las semillas de hinojo y freír 1 minuto más. Agregar el vino y los tomates. Llevar a hervor y luego cocinar a fuego lento, sin tapar, 5 minutos o hasta que la preparación espese ligeramente. Incorporar el pescado, los calamares y los langostinos, tapar y cocinar lentamente 5-6 minutos más, revolviendo cada tanto, hasta que los langostinos tomen color rosa anaranjado y todo esté a punto. Sazonar y servir con la rouille.*

Nota: *Esta receta del sur de Francia es uno de los mejores ejemplos de guisado de pescado mediterráneo. La rouille, mayonesa picante con ajo, se mezcla con cada porción en la cantidad que se desee.*

4 porciones

ingredientes

1 kg/2 lb de pescados y mariscos surtidos (abadejo, caballa, langostinos grandes crudos, calamares)
500 g/1 lb de mejillones en conserva con ajo
2 cucharadas de aceite de oliva
1 cebolla, finamente picada
1 cucharadita de semillas de hinojo
200 ml/7 fl oz de vino blanco seco
1 lata de 400 g/13 oz de tomate triturado

Rouille
2 dientes de ajo, picados
1 chile rojo pequeño, sin semillas y picado
3 cucharadas de cilantro fresco picado
sal y pimienta negra
3 cucharadas de mayonesa
1 cucharada de aceite de oliva

hojaldrinas de carne y riñones

ternera
& res

Brasear, guisar y estofar son métodos de

cocción con líquido que permiten lograr carne tierna incluso con los cortes de res más duros. La ternera, por su parte, se vuelve aun más tierna, jugosa y sabrosa con la cocción lenta.

hojaldrinas
de carne y riñones

Foto en página 33 y abajo

Preparación

1 *Precalentar el horno. Calentar la mitad del aceite en una cazuela apta para llama, incorporar la cebolla y cocinar 5 minutos. Añadir la mitad de la carne y los riñones; freír a fuego vivo, revolviendo, 6 minutos o hasta dorar. Retirar y mantener al calor. Freír el resto de la carne, agregando más aceite si hiciera falta.*

2 *Colocar de nuevo toda la carne en la cazuela, espolvorear con la harina y revolver 2 minutos. Agregar el puré de tomate, la salsa Worcestershire, el caldo, la cáscara de limón, el perejil, las hierbas, sal y pimienta. Llevar a hervor, revolviendo, y tapar.*

3 *Hornear 1 1/2 hora. Incorporar los champiñones y, si fuera necesario, un poco de agua. Cocinar 35 minutos más. Mientras tanto, cortar el hojaldre en cuatro discos de 12 cm/4 1/2 in; acomodarlos en una bandeja para horno.*

4 *Retirar la cazuela del horno y continuar la cocción a fuego directo mínimo, sin destapar pero revolviendo cada tanto. Mientras tanto, subir la temperatura del horno a 200°C/ 400°F/Gas 6 y cocinar el hojaldre 20 minutos o hasta dorar. Distribuir la preparación de carne y riñones sobre los discos. Decorar con perejil y romero.*

Nota: *Estas hojaldrinas tienen todo el sabor de un clásico pastel de carne y riñones, pero son más livianas y fáciles de hacer.*

4 porciones

ingredientes

**4 cucharadas de aceite de maní
1 cebolla, finamente picada
500 g/1 lb de carne apta para guisar, desgrasada, en cubos
350 g/12 oz de riñones de cerdo, limpios, en trozos de 1 cm/$^1/_2$ in
3 cucharadas de harina
1 cucharada de puré de tomate
2 cucharaditas de salsa Worcestershire
420 ml/14 fl oz de caldo de res
cáscara finamente rallada de 1 limón
2 cucharadas de perejil fresco finamente picado, más extra para decorar
1 cucharadita de hierbas secas surtidas
sal y pimienta negra
150 g/5 oz de champiñones baby
375 g/12 oz de masa de hojaldre
romero fresco para decorar**

Temperatura del horno 160°C/325°F/Ga

cazuela
de ternera y cuscús

Preparación

1 Colocar el cuscús en un bol refractario y cubrirlo con agua hirviente. Dejarlo reposar 1 hora o hasta que absorba todo el líquido.

2 Calentar el aceite en una cacerola mediana. Incorporar las cebollas, el cardamomo, la mostaza, la canela y el curry. Revolver hasta que las cebollas se ablanden y las semillas empiecen a reventar. Agregar la ternera y cocinar a fuego vivo hasta que se dore bien. Añadir, revolviendo, el extracto, los tomates y el caldo. Llevar a hervor y luego cocinar 5 minutos a fuego lento, sin tapar.

3 Agregar el pimiento, el maíz y el cuscús. Mezclar bien, tapar y cocinar despacio 10 minutos más.

Nota: Una cazuela sabrosa con reminiscencias marroquíes. También se puede hacer con cordero.

6 porciones

ingredientes

125 g/4 oz de cuscús
2 cucharadas de aceite
2 cebollas, rebanadas
$^1/_2$ cucharadita de semillas de cardamomo
2 cucharaditas de mostaza parda en grano
2 ramas de canela
4 hojas secas de curry
500 g/1 lb de ternera molida
1 cucharada de extracto de tomate
410 g/13 oz de tomates en lata, triturados
250 ml/8 fl oz de caldo de pollo
1 pimiento verde, picado
125 g/4 oz de granos de maíz dulce en lata, escurridos

carne
a la provenzal

Preparación

1 *Dorar la carne por pequeñas tandas en el aceite caliente, dentro de una olla grande y profunda. Agregar las cebollas, los pimientos y los champiñones. Cocinar hasta que las cebollas estén bien doradas.*

2 *Añadir los tomates, el vino, las aceitunas, las hierbas, el laurel y pimienta a gusto. Tapar y cocinar a fuego lento 1 1/2-2 horas o hasta que la carne esté tierna; revolver de tanto en tanto.*

3 *Diluir el almidón en un poco de agua fría. Echarlo en la cacerola y revolver hasta que espese. Salar. Servir con papas nuevas y hortalizas verdes al vapor.*

8 porciones

ingredientes

1 1/2 kg/3 lb de carne de res magra,
en dados
1 cucharada de aceite
2 cebollas, rebanadas
1 pimiento rojo y 1 verde
250 g/8 oz de champiñones
2 latas de 410 g/13 oz de tomates
1/2 taza/125 ml/4 fl oz de vino tinto
1/2 taza de aceitunas negras sin hueso
2 cucharadas de hierbas frescas picadas
(albahaca, orégano, mejorana, salvia)
2 hojas de laurel
pimienta recién triturada
1/4 taza de almidón de maíz
sal a gusto

curry
birmano de res

Preparación

1 Rebanar la carne y cortarla en cuadrados de 2 ¹/₂ cm/1 in. Colocarla en un bol con la salsa de soja, la cúrcuma y el vinagre. Mezclar, tapar y dejar marinar 4 horas a temperatura ambiente, o toda la noche en el refrigerador.

2 Combinar las cebollas con el ajo, el jengibre y el chile. Calentar el aceite en una olla, agregar la mezcla y freír hasta que se dore, revolviendo sin cesar. Incorporar la carne y revolver para que tome color de todos lados. Perfumar con el laurel y la canela. Verter agua hasta la mitad de la altura de la preparación. Tapar y cocinar a fuego lento 45 minutos o hasta que la carne esté tierna; si fuera necesario, agregar un poco de agua durante la cocción.

3 Ajustar la sazón y pasar a una fuente. Adornar con aros de cebolla fritos y servir con arroz hervido, natural o saborizado con coco.

Nota: Cebolla, ajo, jengibre y chile forman la base de los curries de Birmania, que se cocinan con muy poco líquido. Si se marina la carne durante toda la noche se logran mejores resultados.

4 porciones

ingredientes

1 kg/2 lb de carne de res apta para guisar
1 cucharada de salsa de soja
¹/₂ cucharadita de cúrcuma molida
1 cucharada de vinagre de malta
2 cebollas, ralladas
4 cucharaditas de ajo machacado
2 cucharaditas de jengibre fresco rallado
1 cucharadita de chile en polvo
4 cucharadas de aceite
3 hojas de laurel
1 rama de canela
aros de cebolla fritos para decorar

carne
con calabaza y hierba limón

Preparación

1 *Calentar el aceite en una cacerola grande de base pesada. Cocinar las cebollas sobre fuego mediano hasta que estén doradas. Añadir la pimienta de Jamaica, la canela, el jengibre y los pimientos; revolver.*

2 *Incorporar la carne y cocinar a fuego vivo hasta que se dore. Perfumar con la hierba limón y verter el caldo. Llevar a hervor, bajar el fuego, tapar y cocinar a fuego lento 45 minutos.*

3 *Agregar la calabaza, mezclar, tapar y seguir cocinando lentamente 45 minutos más o hasta que la carne esté tierna. Retirar del fuego y añadir el ajo. Sazonar a gusto.*

Nota: *Este inusual y aromático platillo se sirve acompañado con cuencos de yogur natural y espolvoreado con cilantro fresco picado.*

4 porciones

ingredientes

2 cucharadas de aceite
2 cebollas, picadas
1 cucharadita de pimienta de Jamaica
en grano
1 rama de canela
1 cucharadita de jengibre fresco
rallado
2 pimientos verdes, rebanados
750 g/1 ¹/₂ lb de carne de res apta para
guisar, en cubos de 5 cm/2 in
2 cucharadas de hierba limón
fresca picada
500 ml/16 fl oz de caldo de pollo
500 g/1 lb de calabaza, pelada, en
cubos de 4 cm/1 ¹/₂ in
2 dientes de ajo, machacados

carne
a la páprika

Preparación

1 *Para hacer la marinada, unir todos los ingredientes en un bol. Añadir la carne y mezclar para que se impregne. Tapar y refrigerar 2-4 horas o toda la noche.*

2 *Calentar el aceite en una cacerola grande. Añadir las cebollas y cocinar sobre fuego mediano durante 5 minutos o hasta que se ablanden. Incorporar la carne con su marinada y cocinar a fuego vivo 10 minutos o hasta que se dore bien.*

3 *Verter el vino y el agua. Llevar a hervor, tapar y cocinar a fuego lento 1 ¹/₂ hora o hasta que la carne esté tierna. Agregar las aceitunas y el perejil, mezclar y cocinar sobre fuego mediano 3 minutos más. Sazonar a gusto.*

Nota: *Conviene recordar que la carne resulta más tierna y sabrosa cuanto mayor es el tiempo de la marinada.*

8 porciones

ingredientes

1 kg/2 lb de carne de res, rebanada y cortada en cuadrados de 2 ¹/₂ cm/1 in
4 cucharadas de aceite
2 cebollas, rebanadas
125 ml/4 fl oz de vino blanco seco
250 ml/8 fl oz de agua
185 g/6 oz de aceitunas rellenas
4 cucharadas de perejil fresco picado

Para la marinada
1 cucharadita de cúrcuma molida
1 ¹/₂ cucharada de páprika dulce
¹/₂ cucharadita de chile en polvo
220 g/7 oz de yogur natural
2 cucharaditas de cáscara de limón rallada

ragú
con albóndigas apetitosas

Preparación

1 Unir la ternera con el perejil, la albahaca, los piñones, el aceite, el ajo, la pimienta, las migas de pan y el queso. Formar 12 albóndigas alargadas y hacerlas rodar por harina sazonada.

2 Calentar abundante aceite en una sartén honda. Dorar las albóndigas, de a pocas por vez. Retirarlas y escurrirlas sobre papel absorbente.

3 En una cacerola profunda acomodar las albóndigas, los papines y las cebollas baby. Combinar la salsa de soja, el jugo de limón, el caldo, el vino y la albahaca y verter en la cacerola. Llevar a hervor, bajar la llama, tapar y cocinar a fuego lento 20 minutos o hasta que los papines estén tiernos. Si se desea, espesar la salsa.

Nota: Para una comida completa, servir este sabroso ragú con pan francés y ensalada de tomate.

6 porciones

ingredientes

500 g/1 lb de ternera molida
60 g/2 oz de perejil fresco finamente picado
60 g/2 oz de albahaca fresca finamente picada
3 cucharadas de piñones
1 cucharada de aceite de oliva
2 dientes de ajo, machacados
1 cucharadita de pimienta negra triturada
185 g/6 oz de migas de pan fresco
60 g/2 oz de queso parmesano rallado
harina sazonada
aceite para freír
12 papines con cáscara, cepillados
12 cebollas baby
3 cucharadas de salsa de soja
125 ml/4 fl oz de jugo de limón
250 ml/8 fl oz de caldo de pollo
250 ml/8 fl oz de vino blanco seco
3 cucharadas de albahaca fresca picada

carne
con alcachofas, aceitunas y orégano

Preparación

1 *Precalentar el horno. Sobre fuego directo calentar 1 cucharada de aceite en una cazuela baja, apta para horno y llama. Disponer en ella el lomo y sellarlo rápidamente de todos lados. Retirarlo y reservarlo.*

2 *Colocar en la cazuela el aceite restante, el ajo y las cebollas; cocinar 2-3 minutos. Verter el vino y cocinar 1 minuto más. Añadir el caldo, el extracto de tomate, el orégano, sal y pimienta; llevar a hervor. Incorporar el lomo y las alcachofas, tapar y hornear 30-40 minutos. Agregar las aceitunas 5 minutos antes de completar la cocción.*

3 *Rebanar el lomo. Distribuir las tajadas en los platos, junto con los vegetales, y salsear con el líquido de la cazuela.*

Nota: *Después de descartar las hojas externas y el tallo de las alcachofas, se aconseja sumergirlas en agua acidulada con jugo de limón para evitar que se oscurezcan.*

4 porciones

ingredientes

**2 cucharadas de aceite de oliva
750 g/1 1/2 lb de lomo de res
1 diente de ajo, machacado
1 manojo de cebollas de rabo, despuntadas y en mitades
125 ml/4 fl oz de vino blanco
250 ml/8 fl oz de caldo de res
1 cucharada de extracto de tomate
2 cucharaditas de orégano picado
sal y pimienta recién molida
2 alcachofas, limpias y en cuartos
1/3 taza de aceitunas sin hueso**

Temperatura del horno 200°C/400°F/Gas 6

pastel
de ternera y papas

Preparación

1 *Calentar la mantequilla en una sartén grande. Añadir las chuletas y dorarlas de todos lados. Retirarlas y acomodarlas en una fuente refractaria; tapar y mantener al calor.*

2 *Colocar en la sartén la cebolla, los clavos, el cardamomo, el comino, el coriandro, la pimienta y el ajo. Cocinar sobre fuego suave 5 minutos o hasta que la cebolla esté tierna. Agregar el puré de tomate, el caldo y la salsa. Llevar a hervor y luego cocinar a fuego lento, sin tapar y revolviendo cada tanto, 20 minutos o hasta que espese ligeramente. Pasar por tamiz y bañar la carne.*

3 *Rebanar finamente las papas y disponerlas en forma escalonada sobre la carne. Rociar con la mantequilla derretida y hornear 25-30 minutos o hasta que la carne esté tierna y las papas, doradas.*

6 porciones

ingredientes

3 cucharadas de mantequilla
**12 chuletas de ternera, deshuesadas
y aplanadas**
1 cebolla, finamente picada
3 clavos de olor
1 vaina de cardamomo, machacada
$^1/_2$ cucharadita de semillas de comino
**$^1/_2$ cucharadita de semillas
de coriandro**
**1 cucharadita de pimienta negra
en grano**
2 dientes de ajo, picados
410 g/13 oz de puré de tomate
500 ml/16 fl oz de caldo de res
2 cucharadas de salsa de tomate
2 papas, hervidas y peladas
2 cucharadas de mantequilla derretida

cazuela
mediterránea de res y aceitunas

Preparación

1 Llenar un bol grande con agua fría y añadir el jugo de limón; enjuagar la carne y escurrirla bien. Unir todos los ingredientes de la marinada, incorporar la carne y mezclar. Tapar y refrigerar 4 horas o toda la noche.

2 Precalentar el horno. Escurrir la carne, reservando la marinada. Colocar 1 cucharada de aceite en una cazuela grande apta para horno y llama; en dos tandas dorar la carne 6-7 minutos, dándola vuelta una vez. Agregar la marinada y las aceitunas sin hueso; mezclar.

3 Tapar la cazuela con dos hojas de papel de aluminio y luego con su tapa. Hornear 2 horas. Destapar, acomodar los tomates sobre la carne, sazonar ligeramente y rociar con el aceite restante. Tapar nuevamente y cocinar 1 hora más o hasta que la carne esté tierna.

4 Descartar la grasa que pudiera haber en la superficie de la preparación. Rectificar la sazón si fuera necesario. Esparcir la cáscara de limón, el perejil y las aceitunas con hueso. Presentar en la misma cazuela.

Nota: Gracias a la cocción lenta y prolongada, la carne resulta muy tierna. Las aceitunas y el hinojo otorgan un sabor distintivo a la salsa de vino.

8 porciones

ingredientes

jugo y cáscara rallada de 1 limón
1 ¹/₂ kg/3 lb de carne de res magra apta para brasear, en trozos de 5 cm/2 in
2 cucharadas de aceite de oliva
3 cucharadas de aceitunas negras sin hueso, más 15 con hueso
4 tomates, en cuartos y sin semillas
sal y pimienta negra
perejil fresco picado para decorar

Para la marinada
375 g/13 oz de cebollas, picadas
2 dientes de ajo, machacados
3 hojas de laurel
2 cucharaditas de tomillo seco
1 cucharadita de orégano seco
2 cucharadas de perejil fresco picado
1 hinojo pequeño, picado
2 zanahorias, rebanadas
8 granos de pimienta negra
2 cucharadas de aceite de oliva
750 ml/1 ¹/₄ pt de vino blanco seco

Temperatura del horno 160°C/325°F/Gas 3

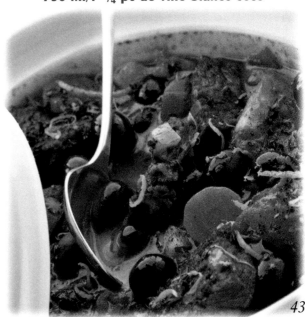

43

Temperatura del horno 160°C/325°F/Gas 3

carbonada
de res

Preparación

1 Precalentar el horno. Calentar 2 cucharadas de aceite en una cazuela apta para horno y llama. En tres tandas freír la carne a fuego vivo 6-7 minutos, removiendo hasta que se dore de todos lados y agregando más aceite si hiciera falta. Retirar y reservar.

2 Bajar la llama, colocar la cebolla en la cazuela y cocinar 5 minutos, revolviendo. Espolvorear con la harina y el azúcar y revolver 1-2 minutos. Verter la cerveza y el caldo y llevar a hervor, siempre revolviendo. Incorporar la carne, el puré de tomate y el bouquet garni. Sazonar, mezclar y tapar.

3 Hornear 1 $1/_2$-2 horas, hasta que la carne esté tierna; durante la cocción remover dos o tres veces y añadir un poco de agua si fuera necesario. Descartar el bouquet garni y reforzar la sazón si se desea. Adornar con perejil.

Nota: A todo el mundo le gustan los estofados a la antigua, en especial si son de res y se sirven con abundante puré de papas para absorber el jugo.

4 porciones

ingredientes

2-3 cucharadas de aceite
1 kg/2 lb de carne de res apta para estofar, en cubos de 2 $1/_2$ cm/1 in
1 cebolla grande, finamente rebanada
1 cucharada de harina
2 cucharadas de azúcar morena o rubia
275 ml/9 fl oz de cerveza negra
500 ml/16 fl oz de caldo de res
1 cucharada de puré de tomate
1 bouquet garni
sal y pimienta negra
perejil fresco para decorar

estofado de res
con chalotes

Preparación

1 Precalentar el horno. Colocar los chalotes, el ajo, las zanahorias y el apio en un trasto para horno, rociar con 2 cucharadas de aceite, mezclar y cocinar 15 minutos, dando vuelta a menudo hasta dorar los vegetales.

2 Calentar el aceite restante en una cacerola grande de base pesada. En tres tandas freír la carne 5-8 minutos, hasta que se dore de todos lados; colocar de nuevo toda la carne en la cacerola. Añadir los vegetales, el atadito de hierbas, el vino, el caldo, la cebada y la pimienta. Sazonar y llevar a hervor.

3 Bajar la llama, tapar parcialmente y cocinar a fuego lento 2-2$^{1}/_{2}$ horas, hasta que la carne esté tierna; si hiciera falta, agregar caldo o agua. Descartar el atadito aromático y servir.

Nota: Cuando el frío arrecia, todo lo que uno desea es un estofado humeante y una sustanciosa guarnición de puré de papas enriquecido con un toque de perejil.

6 porciones

ingredientes

6 chalotes, en cuartos
6 dientes de ajo grandes, en cuartos
3 zanahorias grandes, rebanadas
4 tallos de apio, rebanados
4 cucharadas de aceite de oliva
1 kg/2 lb de carne de res magra apta para estofar, en cubos de 5 cm/2 in
unas ramitas de tomillo y una de romero, una hoja de laurel y una espiral de corteza de limón, atadas con hilo
500 ml/16 fl oz de vino tinto con cuerpo
300 ml/10 fl oz de caldo de res
3 cucharadas de cebada perlada
10 granos de pimienta negra, machacados
sal y pimienta negra

Temperatura del horno 240°C/475ºF/Gas 9

curry indonesio
de res

Preparación

1 Picar finamente la hierba limón, descartando las partes duras y fibrosas. Calentar una cacerola grande y tostar el coco 5 minutos o hasta dorar, revolviendo con frecuencia; molerlo en un mortero o en la procesadora.

2 Machacar o licuar la hierba limón con las cebollas, el ajo, el jengibre y el chile picado hasta obtener una pasta. Calentar el aceite en la sartén y freír la pasta 5 minutos, revolviendo a menudo, para que suelte su aroma. Añadir la carne, mezclar y freír 3-4 minutos, hasta sellar.

3 Agregar el coco, la cúrcuma, la leche de coco, el azúcar y sal a gusto. Llevar a hervor mientras se revuelve. Bajar la llama y cocinar 3 horas a fuego lento, sin tapar y revolviendo cada tanto hasta que la salsa se reduzca. Adornar con el chile rebanado.

Nota: Este platillo clásico de Indonesia también puede hacerse con cordero o venado. La cocción lenta en la salsa de coco hace que la carne resulte extraordinariamente tierna. Se acompaña con arroz.

4 porciones

ingredientes

2 tallos de hierba limón
4 cucharadas de coco deshidratado
2 cebollas, picadas
2 dientes de ajo, picados
1 trozo de 5 cm/2 in de jengibre fresco, picado
1 chile rojo, sin semillas y picado, más otro sin semillas y rebanado para decorar
2 cucharadas de aceite
750 g/1 ½ lb de carne de res, en cubos de 2 ½ cm/1 in
1 cucharadita de cúrcuma
420 ml/14 fl oz de leche de coco en lata
1 cucharadita de azúcar
sal a gusto

Temperatura del horno 180°C/350°F/Gas 4

res braseada
al vino tinto

Preparación

1 Precalentar el horno. Calentar el aceite en una cazuela apta para llama o en una cacerola grande. Freír la carne a fuego vivo 5-10 minutos, revolviendo hasta que se dore; retirarla. Agregar al recipiente los chalotes, el ajo y el apio. Revolver 3-4 minutos, hasta que estén ligeramente dorados.

2 Incorporar los hongos y cocinar 1 minuto o hasta que se ablanden. Añadir la pimienta de Jamaica, el vino, el puré de tomate, 1 ramita de tomillo, sal y pimienta. Colocar de nuevo la carne en el recipiente y llevar a hervor suave.

3 Tapar y cocinar en el horno o a fuego lento 1 1/2-2 horas, hasta que la carne esté tierna. Salpimentar otra vez si fuera necesario. Adornar con el tomillo restante y servir.

Nota: Cualquier tipo de hongos frescos queda bien en esta receta perfecta para los días fríos, que se puede acompañar con puré de papas al ajo.

4 porciones

ingredientes

3 cucharadas de aceite de oliva
750 g/1 1/2 lb de carne de res apta para estofar, desgrasada, en trozos de 6 cm/2 1/2 in
6 chalotes, finamente picados
2 dientes de ajo, machacados
2 tallos de apio, rebanados gruesos
300 g/10 oz de hongos, rebanados gruesos
1/2 cucharadita de pimienta de Jamaica molida
1/2 botella de vino tinto con cuerpo
250 ml/8 fl oz de puré espeso de tomate
2 ramitas de tomillo fresco
sal y pimienta negra

Temperatura del horno 150°C/300°F/Gas 2

rollitos de res
a la mexicana

Preparación

1 Precalentar el horno. Colocar los bistecs entre dos trozos de film y aplanarlos ligeramente con un rodillo; quitar el film. En una sartén grande sofreír el tocino 2-3 minutos. Retirarlo y unirlo con el perejil, la mejorana y las migas de pan.

2 Poner la harina en una fuente playa y salpimentarla. Repartir la mezcla de tocino sobre los bistecs, enrollar, rebozar con la harina y sujetar con palillos.

3 Calentar el aceite en una cazuela apta para horno y llama. Añadir los rollitos de res y cocinar 2 minutos, dando vuelta para que se doren de todos lados; retirar y reservar. Colocar en la cazuela el chile en polvo, la cebolla, el ajo y el pimiento y cocinar 3 minutos, hasta que los vegetales se ablanden. Agregar los rollitos, verter el caldo y llevar a hervor. Tapar y hornear 45 minutos. Incorporar los frijoles y cocinar 45 minutos más. Quitar los palillos y servir.

Nota: Esta variación del chile con carne aumenta el rendimiento de los bistecs. Se puede presentar con pan o puré de papas.

4 porciones

ingredientes

4 bistecs delgados
4 lonjas de tocino, finamente picadas
1 cucharada de perejil fresco picado
$^1/_2$ cucharadita de mejorana seca
75 g/2 $^1/_2$ oz de migas de pan fresco
45 g/1 $^1/_2$ oz de harina
sal y pimienta negra
1 cucharada de aceite
1-2 cucharaditas de chile picante en polvo
1 cebolla, picada
2 dientes de ajo, finamente picados
1 pimiento rojo, sin semillas y picado
200 ml/7 fl oz de caldo de res
410 g/13 oz de frijoles colorados en lata, escurridos y enjuagados

cazuela de venado
con frijoles al chile

Preparación

1 Precalentar el horno. Disponer la harina en un plato, salpimentarla y empolvar el venado. Calentar el aceite en una cazuela apta para horno y llama. Freír el venado por tandas, sobre fuego mediano, 5 minutos o hasta que se dore de todos lados. Retirar y reservar.

2 Bajar la llama y agregar a la cazuela la cebolla y, si hiciera falta, un poco más de aceite. Revolver 5 minutos o hasta dorar ligeramente. Añadir el ajo, los chiles y el chile en polvo y revolver 1 minuto.

3 Incorporar los tomates, el caldo, el puré de tomate y el azúcar. Llevar a hervor. Agregar el venado, mezclar y tapar. Hornear 2 horas o hasta que el venado esté tierno; remover dos veces y añadir los frijoles durante los últimos 30 minutos.

Nota: El tierno venado se luce junto con los frijoles, los tomates y la potente sazón de esta cazuela. Se sirve con arroz o pan francés y una ensalada abundante.

4 porciones

ingredientes

2 cucharadas de harina
sal y pimienta negra
690 g/22 oz de paleta de venado, en cubos
2 cucharadas de aceite de maní
1 cebolla, finamente picada
2 dientes de ajo, machacados
2 chiles verdes frescos, sin semillas y finamente picados
1 cucharada de chile en polvo
410 g/13 oz de tomates en lata, triturados
410 ml/13 fl oz de caldo de res
2 cucharadas de puré de tomate
2 cucharaditas de azúcar rubia o morena
410 g/13 oz de frijoles colorados en lata, escurridos y enjuagados

pastel de res
a la cerveza

Preparación

1 Precalentar el horno. Combinar la harina con la mostaza y la pimienta; rebozar la carne. Calentar 2 cucharadas de aceite en una sartén de base pesada. En tres tandas freír la carne 3-4 minutos, hasta que se dore. Pasarla a una fuente refractaria de 15 x 20 cm/ 6 x 8 in.

2 Añadir otra cucharada de aceite a la sartén y freír las cebollas 5 minutos. Agregar el ajo y cocinar 2 minutos más. Incorporar la cerveza, la salsa Worcestershire, el laurel, el tomillo y el azúcar; cocinar a fuego lento 2-3 minutos. Verter sobre la carne, tapar y hornear 2 horas. Retirar la fuente del horno y subir la temperatura a 190°C/375°F/Gas 5. Freír los hongos en el aceite restante y agregarlos a la preparación de la fuente.

3 Para hacer la masa, cernir la harina con la sal. Añadir el tomillo y algo de pimienta. Mezclar con la grasa y unir con el agua para formar una masa blanda. Estirarla, cubrir con ella la fuente y adherirla a los bordes. Recortar el sobrante y hacer un orificio en el centro. Hornear 30-40 minutos, hasta que esté dorada.

Nota: La cerveza negra otorga cremosidad a este rico pastel de cocción lenta. Se acompaña con puré de papas y guisantes o col.

6 porciones

ingredientes

3 cucharadas de harina
1 cucharadita de mostaza en polvo
pimienta negra
750 g/1 $1/_2$ lb de carne de res apta para estofar, desgrasada, en cubos
4 cucharadas de aceite
2 cebollas, rebanadas
2 dientes de ajo, finamente picados
500 ml/16 fl oz de cerveza negra
2 cucharadas de salsa Worcestershire
2 hojas de laurel
1 cucharada de tomillo fresco picado
1 cucharadita de azúcar morena
250 g/8 oz de hongos, en mitades si son grandes

Masa

250 g/8 oz de harina leudante
1 cucharadita de sal
2 cucharaditas de tomillo fresco picado
125 g/4 oz de grasa refinada rallada
10-12 cucharadas de agua

Temperatura del horno 180°C/350°F/Gas 4

res picante
con pickles de lima

Preparación

1 *Calentar 1 cucharada de aceite a fuego vivo en una olla honda. Freír la cebolla y el ajo 1-2 minutos, retirarlos y reservarlos.*

2 *Calentar el aceite restante y dorar la carne en varias tandas. Disponer en la olla toda la carne, la cebolla con ajo, los pickles, el sambal oelek y el caldo; mezclar.*

3 *Tapar y cocinar a fuego lento 1-2 horas, según el corte de carne elegido; revolver de tanto en tanto y sazonar a gusto. Si el guisado resulta demasiado jugoso, destapar y hervir 10-15 minutos. Servir con arroz, yogur, pepino, plátano, coco y gajos de lima.*

4 porciones

ingredientes

3 cucharadas de aceite de canola
1 cebolla, picada
2 cucharaditas de ajo machacado
750 g/1 ¹/₂ lb de carne de res magra, en dados
1 cucharada de pickles de lima
1 cucharada de sambal oelek (pasta de chiles muy picante)
250 ml/8 fl oz de caldo de res

cazuela
suculenta de res
con papa duquesa

Preparación

1 *Precalentar el horno. Empolvar la carne con harina. Calentar el aceite en una cacerola honda y dorar bien la carne.*

2 *Incorporar los tomates, el maíz y la salsa Worcestershire; mezclar. Pasar a una cazuela refractaria, tapar y hornear 2 horas, removiendo cada tanto. Retirar del horno y subir la temperatura a 220°C/440°F/Gas 7.*

3 *Hervir las papas hasta que estén tiernas. Escurrirlas, salarlas y pisarlas con el huevo. Ponerlas en una bolsa con punta rizada y formar rosetas sobre una bandeja engrasada. Hornear 15-20 minutos o hasta que se doren.*

4 *Mientras tanto, cocinar la coliflor y el brócoli al vapor o en microondas 8-10 minutos. Servir la cazuela con la papa duquesa y los vegetales.*

4 porciones

ingredientes

**750 g/1 ¹/₂ lb de carne de res magra,
en cubos de 3 cm/1 ¹/₂ in
2-3 cucharadas de harina
1 cucharada de aceite de oliva
420 g/14 oz de tomates en lata,
con su jugo
2 latas de 130 g/4 oz de granos de maíz
dulce, con su jugo
1 cucharada de salsa Worcestershire
4 papas grandes, en dados
1 huevo batido
sal a gusto
300 g/10 oz de coliflor, en ramilletes
300 g/10 oz de brócoli, en ramilletes**

carne
en hebras especiada

Preparación

1 En una cacerola sobre fuego suave colocar la carne, la cebolla, el ajo, el clavo de olor, el comino y el agua. Llevar a hervor suave y cocinar a fuego lento, espumando de tanto en tanto, 1 1/2 hora o hasta que la carne esté muy tierna. Retirar del calor y dejar enfriar en el líquido. Descartar la grasa que flote en la superficie. Escurrir la carne y separarla en hebras con un tenedor; reservar el líquido para la salsa.

2 Para hacer la salsa, calentar el aceite en una sartén a fuego vivo. Añadir la cebolla y los chiles y revolver 3 minutos o hasta que estén tiernos. Incorporar los tomates y 1 taza/250 ml/8 fl oz del líquido reservado. Llevar a hervor suave y cocinar lentamente 10 minutos o hasta que la preparación se reduzca y espese.

3 Agregar la carne a la salsa y cocinar despacio 5 minutos o hasta calentar.

Nota: El tiempo de cocción dependerá del corte de carne que se use. Para una comida completa, servir sobre tortillas calientes, con ensalada y arroz con hierbas.

6 porciones

ingredientes

750 g/1 1/2 lb de carne fibrosa de res, desgrasada
1 cebolla, en mitades
2 dientes de ajo
1 clavo de olor
2 cucharaditas de semillas de comino
8 tazas/2 litros/3 1/2 pt de agua

Salsa de tomate con chile
2 cucharadas de aceite
1 cebolla, picada
2 chiles verdes picantes, picados
440 g/14 oz de tomates en lata, picados con su jugo

jarkoy
cazuela frutada de res

Preparación

1 En una cacerola grande de base pesada calentar la mantequilla o el aceite y freír la carne por tandas, a fuego vivo, removiendo para que se dore de todos lados; reservarla. Sofreír las zanahorias y las cebollas.

2 Colocar de nuevo toda la carne en la cacerola. Espolvorear con la harina. Añadir el ajo, el eneldo, la nuez moscada, sal, pimienta y el caldo. Llevar a hervor sobre fuego fuerte, raspando el fondo de la cacerola. Tapar, bajar la llama y cocinar a fuego lento 1 1/2 hora.

3 Agregar las frutas, la menta y el cilantro. Tapar y seguir cocinando despacio 30 minutos más o hasta que la carne esté tierna. Pasar a una fuente precalentada. Esparcir las nueces, rociar con el jugo de naranja y servir.

6 porciones

ingredientes

2 cucharadas de mantequilla o aceite
1 kg/2 lb de bistecs gruesos, desgrasados y en cubos grandes
3 zanahorias grandes, rebanadas
3 cebollas, finamente rebanadas
2 cucharadas de harina
2 dientes de ajo, machacados
1 cucharadita de eneldo fresco picado o 1/2 cucharadita de eneldo seco
1/2 cucharadita de nuez moscada, rallada o molida
sal y pimienta negra recién molida
1 1/2 taza/375 ml/12 fl oz de caldo de res
1/2 taza de albaricoques secos
1/2 taza de duraznos secos, en cuartos
1/2 taza de ciruelas secas sin hueso
1 cucharadita de menta fresca picada
1 cucharada de cilantro fresco picado
1/2 taza de nueces, trituradas
1/2 taza/125 ml/4 fl oz de jugo de naranja

carbonada
criolla

Preparación

1 Calentar el aceite en una cacerola grande y sofreír el ajo y la cebolla. Añadir la carne y remover con rapidez sobre fuego vivo para dorarla ligeramente.

2 Agregar los tomates, el caldo, el tomillo, el perejil, sal y pimienta. Llevar a hervor, bajar la llama y cocinar a fuego lento 25 minutos.

3 Incorporar las hortalizas, el maíz, el arroz y las frutas. Tapar y cocinar despacio 25 minutos más; revolver cada tanto y añadir caldo si hiciera falta. Ajustar la sazón antes de servir.

6 porciones

ingredientes

2 cucharadas de aceite
1 diente de ajo, machacado
1 cebolla grande, picada
1 kg/2 lb de paleta de ternera, en cubos de 2 cm/³/₄ in
220 g/7 oz de tomates en lata
1 ¹/₂ taza/375 ml/12 fl oz de caldo de res
1 cucharadita de tomillo fresco picado
2 cucharadas de perejil fresco picado
sal y pimienta
1 papa, en cubos
1 batata, en cubos
250 g/8 oz de calabaza, en cubos
2 mazorcas de maíz fresco, en ruedas gruesas
¹/₂ taza de arroz de grano corto
4 duraznos secos, en mitades
4 peras secas, en mitades

patitas de pollo en salsa de eneldo

carnes
blancas

el sabor del cerdo armoniza con variedad de

hierbas y especias, frutas y vegetales, en una amplia
gama de platillos apetitosos. Cualquier parte del pollo
resulta indicada para una cazuela; el hueso intensifica
el sabor de la carne y de la salsa.

patitas de pollo
en salsa de eneldo

Foto en página 57

Preparación

1 Calentar la mantequilla en una cacerola de base ancha. Dorar las patitas, de a pocas por vez, hasta que tomen color de todos lados. Pasarlas a un plato y reservarlas.

2 Sofreír las cebollas de rabo 1 minuto. Agregar el eneldo, el jugo de limón y las patitas. Salpimentar.

3 Disponer las zanahorias sobre las patitas. Añadir el agua y el cubo de caldo. Llevar a hervor suave, tapar y cocinar a fuego lento 40 minutos o hasta que el pollo esté tierno.

4 Con una espumadera pasar las patitas y las zanahorias a una fuente precalentada. Echar en la cacerola el almidón disuelto y revolver hasta que la salsa hierva y espese; bañar las patitas y las zanahorias. Servir de inmediato, con pan francés.

6 porciones

ingredientes

2 cucharadas de mantequilla
1 kg/2 lb de patitas de pollo
1 taza/90 g/3 oz de cebollas de rabo picadas
3 cucharadas de eneldo finamente picado
¹/₄ taza/60 ml/2 fl oz de jugo de limón
¹/₂ cucharadita de sal
¹/₄ cucharadita de pimienta blanca
1 manojo de zanahorias baby
2 tazas/500 ml/16 fl oz de agua
1 cubo de caldo de pollo
2 cucharadas de almidón de maíz disueltas en 2 cucharadas de agua

pollo
con pimientos

ingredientes

2 cucharadas de aceite de oliva
12 muslos de pollo sin piel
1 cebolla, rebanada
4 dientes de ajo, picados
2 pimientos rojos y 2 amarillos, sin semillas y finamente rebanados
2 cucharadas de tomillo fresco picado o 2 cucharaditas de tomillo seco
300 ml/10 fl oz de caldo de pollo
250 ml/8 fl oz de vino blanco
sal y pimienta negra
albahaca o perejil frescos picados para decorar

Preparación

1 Calentar el aceite en una cacerola grande de base pesada. Freír el pollo 4-5 minutos de cada lado, hasta dorar; retirarlo y reservarlo. En la misma cacerola freír la cebolla y el ajo 5 minutos o hasta que se ablanden. Agregar los pimientos (guardar algunas tajadas para adornar) y freír 4-5 minutos más, hasta que estén apenas tiernos.

2 Perfumar con el tomillo, verter el caldo y el vino, sazonar con moderación y llevar a hervor; cocinar 1-2 minutos. Bajar la llama, añadir el pollo y mezclar. Tapar y cocinar a fuego lento 30-35 minutos, hasta que el pollo esté tierno.

3 Retirar el pollo y mantenerlo al calor. Subir la llama y dejar que la salsa de la cocción hierva 4-5 minutos, hasta que se reduzca y espese ligeramente. Rectificar la sazón si fuera necesario. Pasar a una fuente, esparcir albahaca o perejil y adornar con tajadas de pimientos.

6 porciones

conejo
braseado con frutas

Preparación

1 Lavar, secar y trozar el conejo; salpimentarlo. Calentar el aceite o la mantequilla en una sartén o cacerola grande. Dorar rápidamente el conejo de todos lados, a fuego vivo.

2 Pasarlo a un plato. Bajar la llama, añadir las cebollas al recipiente y cocinar hasta que se doren. Verter el agua y revolver raspando el fondo del recipiente. Incorporar el conejo, el tomillo y el laurel. Tapar y cocinar a fuego lento 40 minutos.

3 Agregar las frutas y el vino, tapar y seguir cocinando lentamente 30 minutos más o hasta que el conejo esté tierno; si fuera necesario, añadir líquido. Probar y ajustar el condimento. Destapar, mezclar con la crema y cocinar despacio 5 minutos más. Servir con arroz o puré de papas.

6 porciones

ingredientes

1 ¹/₂ kg/3 lb de conejo
sal y pimienta
2 cucharadas de aceite o mantequilla clarificada
6 cebollas pequeñas, en mitades
2 tazas/500 ml/16 fl oz de agua
1 cucharada de tomillo fresco picado
2 hojas de laurel
200 g/6 ¹/₂ oz de frutas desecadas surtidas
150 ml/5 fl oz de vino tinto
150 ml/5 fl oz de crema de leche

cerdo
al estragón con vegetales

Preparación

1 Calentar la mantequilla en una cacerola grande. Dorar el cerdo de todos lados, sobre fuego vivo. Añadir las cebollas y el puerro y cocinar sobre fuego suave 5 minutos o hasta que se ablanden.

2 Agregar el caldo, el jugo de limón, la pimienta y el laurel. Llevar a hervor, bajar la llama, tapar y cocinar a fuego lento 30 minutos, dando vuelta el cerdo cada tanto. Incorporar el nabo, los papines, las zanahorias y el apio; tapar y cocinar despacio 15 minutos o hasta que los vegetales estén tiernos pero firmes y el cerdo, a punto.

3 Retirar la carne y los vegetales de la cacerola; reservar al calor. Hervir el líquido de la cocción 2 minutos, sin tapar. Unir con la jalea y el estragón y cocinar lentamente 5 minutos. Rebanar el cerdo, acompañar con los vegetales y bañar con la salsa.

Nota: Un suculento platillo de cerdo con el delicado aroma del estragón.

6 porciones

ingredientes

2 cucharadas de mantequilla
I kg/2 lb de paleta de cerdo deshuesada, arrollada
2 cebollas, picadas
I puerro, picado
750 ml/I ¹/₄ pt de caldo de pollo
3 cucharadas de jugo de limón
I cucharadita de pimienta negra triturada
2 hojas de laurel
I nabo, picado
12 papines, lavados y escurridos
2 zanahorias, peladas y picadas
2 tallos de apio, picados
3 cucharadas de jalea de grosellas
2 cucharadas de estragón fresco picado

cazuela
de cerdo con espárragos

Preparación

1 Empolvar levemente el cerdo con la harina. En una cazuela apta para microondas colocar los espárragos con su líquido, el ajo y el vermut. Disponer el cerdo, en una capa, y la harina que pudiera haber quedado. Tapar y cocinar en nivel 5 (Medio) 15 minutos; dar vuelta el cerdo y cocinar en el mismo nivel 10 minutos más. Pasar el cerdo a una fuente y mantenerlo al calor.

2 Añadir a la cazuela los chalotes, las uvas, la crema y la mostaza; revolver. Cocinar en nivel 9 (Alto) 2 minutos; revolver. Incorporar el cerdo y bañarlo con la salsa de la cocción. Tapar y cocinar 2 minutos en nivel 5 (Medio).

3 Dejar reposar 5 minutos. Servir con fideos y brócoli al vapor.

Nota: Exquisita combinación de sabores en una salsa impactante.

4-6 porciones

ingredientes

(Microondas)

750 g/1 ¹/₂ lb de bistecs de pierna o paleta de cerdo

2 cucharadas de harina sazonada

315 g/10 oz de puntas de espárragos en lata

1 diente de ajo

2 cucharadas de vermut blanco

3 chalotes, picados

1 taza de uvas blancas

2 cucharadas de crema agria

2 cucharaditas de mostaza alemana

cazuela
de conejo con aceitunas y cebollas

Preparación

1 *En un bol grande colocar el conejo, el vino, el orégano y el laurel. Tapar y refrigerar toda la noche.*

2 *Escurrir el conejo y guardar la marinada. Precalentar el horno. Calentar el aceite en una sartén grande y dorar el conejo de todos lados, por tandas. Pasarlo a una cazuela.*

3 *Dorar las cebollas y el ajo en la sartén. Añadir el pimentón y revolver constantemente 2 minutos. Verter el caldo y la marinada; llevar a hervor.*

4 *Volcar el contenido de la sartén sobre el conejo. Incorporar las aceitunas y salpimentar. Tapar y hornear 1 hora 15 minutos o hasta que el conejo esté tierno. Adornar con orégano y servir con abundante pan para mojar en el jugo.*

4 porciones

ingredientes

750 g/1 ¹/₂ lb de conejo trozado
375 ml/12 fl oz de vino blanco seco
3 ramitas de orégano fresco
3 hojas de laurel
80 ml/2 ¹/₂ fl oz de aceite de oliva
220 g/7 oz de cebollas baby, en mitades
6 dientes de ajo, con piel
1 cucharada de pimentón
170 ml/6 fl oz de caldo de pollo
¹/₂ taza de aceitunas negras
sal y pimienta negra recién molida
orégano fresco para decorar
pan francés

Temperatura del horno 180°C/350°F/Gas 4

cazuela
de pollo frutada

Preparación

1 Empolvar ligeramente el pollo con la harina. Calentar el aceite en una cacerola grande y cocinar el pollo sobre fuego mediano 8 minutos o hasta dorar. Retirar y escurrir sobre papel absorbente.

2 Añadir a la cacerola las cebollas y los papines; cocinar a fuego suave 5 minutos o hasta que las cebollas se ablanden. Verter el caldo, los jugos de manzana y limón y la miel. Incorporar el pollo, los albaricoques, las manzanas y las ciruelas. Llevar a hervor, tapar y cocinar a fuego lento 20 minutos o hasta que el pollo y las frutas estén a punto. Antes de servir, mezclar con las aceitunas y el tomillo. Sazonar a gusto.

Nota: Esta cazuela con reminiscencias del Medio Oriente se luce en grande si se presenta sobre un lecho de arroz al azafrán y se adorna con ramitas de tomillo.

6 porciones

ingredientes

12 alas de pollo, enjuagadas y escurridas
3 cucharadas de harina
3 cucharadas de aceite
2 cebollas, rebanadas
12 papines, pelados
250 ml/8 fl oz de caldo de pollo
250 ml/8 fl oz de jugo de manzana
o sidra
125 ml/4 fl oz de jugo de limón
125 ml/4 fl oz de miel
220 g/7 oz de albaricoques secos
220 g/7 oz de manzanas secas, picadas
90 g/3 oz de ciruelas secas sin hueso
12 aceitunas negras
1 cucharada de tomillo alimonado
fresco picado

pollo cremoso
con batatas

Preparación

1 *Calentar el aceite en una cacerola grande. Rebozar el pollo con la harina y dorarlo sobre fuego mediano. Retirarlo, escurrirlo sobre papel absorbente y mantenerlo al calor.*

2 *Colocar las cebollas en la cacerola y cocinarlas sobre fuego suave 5 minutos o hasta que se ablanden. Añadir el curry y la mostaza, revolver continuamente 2 minutos. Incorporar el vino, el caldo y los tomates. Llevar a hervor y luego bajar la llama.*

3 *Agregar el pollo y las batatas. Tapar y cocinar a fuego lento 30 minutos o hasta que estén tiernos. Combinar el ajo, la albahaca, la mayonesa y la crema, echar la mezcla en la cacerola y revolver sobre fuego suave hasta calentar. Sazonar a gusto.*

Nota: *La conjunción del pollo y las batatas con el toque del curry hace una deliciosa comida familiar.*

4 porciones

ingredientes

**3 cucharadas de aceite
8 muslos de pollo
3 cucharadas de harina
2 cebollas, rebanadas
1 cucharada de curry en polvo
no muy picante
1 cucharadita de semillas de
mostaza parda
250 ml/8 fl oz de vino blanco seco
250 ml/8 fl oz de caldo de pollo
440 g/14 oz de tomates en lata, picados
500 g/1 lb de batatas, en cubos de
2 $\frac{1}{2}$ cm/1 in
2 dientes de ajo, machacados
3 cucharadas de albahaca fresca
finamente picada
2 cucharadas de mayonesa
2 cucharadas de crema agria**

risotto
de cerdo

Preparación

1 Calentar la mantequilla en una sartén grande. Dorar el cerdo de todos lados sobre fuego vivo. Agregar el agua, el bouquet garni y la pimienta. Llevar a hervor, bajar la llama, tapar y cocinar a fuego lento 1 hora.

2 Espolvorear generosamente las berenjenas con sal y dejarlas reposar 20 minutos. Enjuagar con agua corriente fría y secar con papel absorbente.

3 Desprender la carne de los codillos y pasarla, con el líquido de cocción, a una cazuela honda. Incorporar el arroz, el caldo, la cebolla y la cúrcuma. Tapar y hornear 50 minutos. Descartar el bouquet garni.

4 Añadir las berenjenas, los pimientos y los tomates. Cocinar sin tapar 10 minutos o hasta que el arroz esté a punto y haya absorbido casi todo el líquido. Dejar reposar 5 minutos y espolvorear con hierbas frescas antes de servir.

Nota: Este risotto sustancioso y reconfortante es ideal para una comida de invierno.

8 porciones

ingredientes

3 cucharadas de mantequilla
4 codillos de cerdo medianos
1 litro/1 ³/₄ pt de agua
1 bouquet garni
1 cucharadita de pimienta negra en grano
2 berenjenas, con cáscara, picadas
sal
375 g/12 oz de arroz de grano largo
375 ml/12 fl oz de caldo de pollo
1 cebolla, picada
1 cucharadita de cúrcuma molida
2 pimientos verdes, rebanados
2 tomates, sin piel ni semillas, picados
hierbas frescas picadas
(perejil, cebollín, cilantro)

Temperatura del horno 180°C/350°F/Gas 4

biryani
de pollo

Preparación

1 Calentar la mantequilla en una sartén grande y dorar las cebollas 2-3 minutos; retirar y reservar. En la misma sartén dorar el pollo de todos lados; retirar y reservar.

2 Combinar el jengibre, el ajo, el comino, la canela, el clavo de olor, el cardamomo, la nuez moscada y la harina. Echar la mezcla en la sartén y revolver 1-2 minutos. Verter el caldo, el yogur y la crema y revolver raspando el fondo del recipiente.

3 Colocar de nuevo en la sartén el pollo y la mitad de las cebollas. Tapar y cocinar a fuego lento 15-20 minutos. Retirar del fuego, tapar y dejar reposar 15 minutos.

4 Para hacer el arroz pilau, calentar la mantequilla en una cacerola grande. Saltear el azafrán, el cardamomo, la sal y el arroz 1-2 minutos. Verter el caldo y llevar a hervor. Añadir las pasas, bajar el fuego y cocinar lentamente 10-15 minutos o hasta que el arroz absorba casi todo el líquido. Tapar y dejar reposar 10 minutos.

5 Pasar la mitad del arroz a una fuente refractaria grande, acomodar el pollo y cubrir con el resto del arroz. Rociar con la salsa de la cocción del pollo. Esparcir arriba las cebollas restantes y las castañas de Cajú. Tapar y hornear 20-30 minutos.

Nota: Los grandes emperadores mongoles servían este platillo en fiestas opíparas, sobre platos tan grandes que hacían falta dos personas para transportarlos.

4 porciones

ingredientes

3 cucharadas de mantequilla clarificada
3 cebollas, rebanadas
1 ¹/₂ kg/3 lb de presas de pollo
2 cucharaditas de jengibre fresco rallado
3 dientes de ajo, machacados
¹/₂ cucharadita de comino molido
¹/₂ cucharadita de canela molida
¹/₄ cucharadita de clavo de olor molido
¹/₄ cucharadita de cardamomo molido
¹/₄ cucharadita de nuez moscada molida
¹/₂ cucharadita de harina
250 ml/8 fl oz de caldo de pollo
125 g/4 oz de yogur natural
125 ml/4 fl oz de crema de leche

Arroz pilau

2 cucharadas de mantequilla clarificada
¹/₂ cucharadita de azafrán en polvo
¹/₂ cucharadita de cardamomo molido
1 cucharadita de sal
210 g/6 1/2 oz de arroz basmati, bien lavado
1 litro/1 ³/₄ pt de caldo de pollo
2 cucharadas de pasas de uva rubias
60 g/2 oz de castañas de Cajú, picadas y tostadas

Temperatura del horno 180°C/350°F/Gas 4

cerdo
a la mostaza con chile

Preparación

1 Desgrasar la carne, pincelarla con la mantequilla derretida y hornearla 25-30 minutos.

2 Calentar la mantequilla clarificada y el aceite en una cacerola. Cocinar las cebollas, la mostaza, el ajo y los chiles 2-3 minutos o hasta que se ablanden.

3 Añadir el comino, la cúrcuma, el azúcar, el agua, el jugo y las hojas de lima. Llevar a hervor, bajar la llama y cocinar a fuego lento, sin tapar, 10 minutos o hasta que la preparación se reduzca y espese.

4 Procesar o licuar hasta lograr una textura lisa; colocar de nuevo en la cacerola. Rebanar el cerdo al sesgo y agregarlo. Dejar que se caliente y servir.

Nota: En esta receta el cerdo se transforma en un manjar para ocasiones especiales. Los sabores intensos de la mostaza y el chile son un excelente complemento para la nota fresca de la lima.

4 porciones

ingredientes

750 g/1 lb de solomillo de cerdo
60 g/2 oz de mantequilla derretida
30 g/1 oz de mantequilla clarificada
2 cucharadas de aceite de maní
3 cebollas, picadas
1 cucharada de semillas de mostaza negra
2 dientes de ajo, machacados
2 chiles rojos, picados
$^1/_2$ cucharadita de comino molido
$^1/_2$ cucharadita de cúrcuma molida
1 cucharada de azúcar morena
250 ml/8 fl oz de agua
1 cucharada de jugo de lima
8 hojas de lima kasmir

Temperatura del horno 180°C/350°F/Gas 4

pechugas
de pollo con hongos shiitake

Preparación

1 Precalentar el horno. Calentar 1 cucharada de aceite en una cacerola grande de base pesada. Freír la cebolla y el jengibre 5 minutos o hasta que la cebolla esté transparente.

2 Añadir los shiitake, los champiñones y la salsa de soja y cocinar 4-5 minutos más, hasta que los hongos se ablanden.

3 Verter el caldo y el vino, llevar a hervor y luego cocinar a fuego lento 10 minutos. Incorporar las calabazas elegidas y cocinar 5 minutos más o hasta que estén tiernas.

Mientras tanto, con un cuchillo filoso hacer tres incisiones en cada pechuga de pollo. Calentar el aceite restante en una sartén grande de base pesada y dorar el pollo 2-3 minutos de cada lado.

4 Pasarlo a una fuente refractaria y volcar encima la preparación de hongos. Hornear 15-20 minutos, hasta que esté a punto. Esparcir cilantro antes de servir.

Nota: Los shiitake, la salsa de soja y el jengibre conceden carácter oriental a este platillo. Resulta estupendo si se acompaña con arroz hervido o fideos chinos y vegetales verdes salteados.

6 porciones

ingredientes

2 cucharadas de aceite de maní
1 cebolla, picada
1 trozo de 5 cm/2 in de jengibre fresco, finamente picado
200 g/7 oz de hongos shiitake, sin tallos y rebanados
150 g/5 oz de champiñones baby
2 cucharadas de salsa de soja oscura
300 ml/10 fl oz de caldo de pollo
200 ml/7 fl oz de vino blanco seco
350 g/12 oz de calabazas patty pan, en mitades, o calabacitas, despuntadas y rebanadas
6 pechugas de pollo deshuesadas
cilantro fresco picado para decorar

Temperatura del horno 230°C/450°F/Gas 8

cazuela
de cerdo a la española

Preparación

1 En una fuente playa marinar el cerdo con el ajo, las hierbas, la salsa Worcestershire y el vinagre por ¹/₂ hora.

2 Perforar las salchichas y disponerlas en una bandeja apta para microondas con la cebolla y el pimiento. Tapar y cocinar 7 minutos en nivel 6 (Hornear). Escurrir la grasa que suelten.

3 Tapar la fuente con el cerdo y cocinar 13 minutos en el mismo nivel. Incorporar la preparación de salchichas, la salsa de tomate y los frijoles, tapar y continuar la cocción 5 minutos más.

4 Dejar reposar 3 minutos antes de destapar y servir. Acompañar con papas nuevas hervidas y ensalada de hojas verdes.

4 porciones

ingredientes

(Microondas)
500 g/1 lb o 4 bistecs de pierna de cerdo
1 cucharadita de ajo machacado
1 cucharada de salvia y tomillo frescos picados
2 cucharadas de salsa Worcestershire
1 cucharada de vinagre de vino tinto
250/8 oz u 8 salchichas de cerdo
1 cebolla, rebanada
1 pimiento rojo, rebanado
360 g/12 oz de salsa de tomate en lata
1 taza de frijoles de mantequilla en lata, escurridos

cazuela
de patitas y vegetales

Preparación

1 *En una cazuela o trasto para horno colocar la salsa, el agua, las patitas sin que se encimen y las papas entre ellas. Rociar con el aceite, esparcir el perejil y tapar.*

2 *Cocinar 30 minutos en el horno precalentado. Dar vuelta las patitas y las papas; añadir los guisantes y el maíz. Seguir horneando, sin tapar, 25 minutos más o hasta que el pollo esté tierno. Servir con pan francés.*

4-6 porciones

ingredientes

375 g/12 ¹/₂ oz de salsa de tomate con pesto envasada
¹/₂ taza/125 ml/4 fl oz de agua
1 kg/2 lb de patitas de pollo
4 papas, en cuartos
2 cucharadas de aceite de oliva
2 cucharadas de perejil fresco finamente picado
250 g/8 oz de guisantes congelados
425 g/14 oz de mazorcas de maíz baby

Temperatura del horno 180°C/350°F/Gas 4

pollo
rogan josh

Preparación

I Cortar los muslos de pollo en cuartos. Calentar el aceite en una sartén grande de base pesada y añadir los pimientos, la cebolla, el jengibre, el ajo, las especias y sal a gusto. Sofreír sobre fuego suave 5 minutos o hasta que los vegetales se ablanden.

2 Incorporar el pollo y 2 cucharadas de yogur. Subir el fuego a mediano y cocinar 4 minutos o hasta que el yogur se absorba. Repetir con el resto del yogur.

3 Subir el fuego a vivo, agregar los tomates y el agua y llevar a hervor. Bajar la llama, tapar y cocinar a fuego lento 30 minutos o hasta que el pollo esté tierno, revolviendo cada tanto e incorporando agua si hiciera falta.

4 Destapar la sartén, subir el fuego a vivo y revolver constantemente 5 minutos o hasta que la salsa espese. Adornar con cilantro.

Nota: Con una combinación de especias indias y yogur cremoso, este platillo es un auténtico favorito. Se sirve con arroz, un refrescante raita de menta y un poco de chutney de mango.

4 porciones

ingredientes

8 muslos de pollo, deshuesados y sin piel
I cucharada de aceite
I pimiento pequeño rojo y I verde, sin semillas y finamente rebanados
I cebolla, finamente rebanada
I trozo de 5 cm/2 in de jengibre fresco, finamente picado
2 dientes de ajo, machacados
2 cucharadas de garam masala
I cucharadita de páprika, I de cúrcuma y I de chile en polvo
4 vainas de cardamomo, machacadas sal a gusto
200 g/6 oz de yogur espeso
410 g/13 oz de tomates en lata, picados
200 ml/7 fl oz de agua
cilantro fresco para decorar

Temperatura del horno 180°C/350°F/Gas 4

cerdo
braseado con manzanas

Preparación

1 Precalentar el horno. Calentar el aceite en una sartén antiadherente. Cocinar el cerdo 5 minutos o hasta dorarlo de ambos lados. Pasarlo a una cazuela.

2 En la sartén sofreír los chalotes y los hongos 5 minutos o hasta que se ablanden. Espolvorear con la harina y revolver 1 minuto. Verter despacio el caldo y la sidra; revolver hasta integrar. Añadir la mostaza y la pimienta. Llevar a hervor y seguir revolviendo 2-3 minutos más, hasta que la preparación espese.

3 Disponer las manzanas sobre el cerdo y volcar encima la salsa. Tapar y hornear 1-1½ hora, hasta que el cerdo esté tierno. Adornar con perejil fresco.

4 porciones

ingredientes

1 cucharada de aceite de girasol
4 chuletas de cerdo magras de 100 g/
3 ½ oz cada una, deshuesadas
4 chalotes, finamente rebanados
175 g/6 oz de hongos, rebanados
1 cucharada de harina
200 ml/7 fl oz de caldo de verduras
100 ml/4 fl oz de sidra seca
2 cucharaditas de mostaza de Dijon
o con granos
pimienta negra
2 manzanas grandes, sin cáscara ni
centros, rebanadas
perejil fresco para decorar

curry
de pollo

Preparación

1 Cortar cada muslo de pollo en tres partes. Calentar la mitad del aceite en una cacerola grande y en tres tandas dorar rápidamente el pollo de todos lados, agregando el resto del aceite a medida que haga falta. Pasar a un plato y reservar.

2 Cocinar brevemente la cebolla y añadir la salsa de curry; echar un poco de agua en el envase para diluir la salsa que haya quedado y verterla en la cacerola. Llevar a hervor, bajar la llama y colocar de nuevo el pollo. Tapar y cocinar a fuego lento 20 minutos. Agregar las pasas, los plátanos y la manzana y cocinar lentamente 15-20 minutos más. Servir de inmediato, con arroz hervido.

4 porciones

ingredientes

**500 g/1 lb de muslos de pollo deshuesados
2 cucharadas de aceite
1 cebolla grande, finamente picada
280 g/9 oz de salsa de curry envasada
2 cucharadas de pasas de uva rubias
2 plátanos, rebanados
1 manzana verde, sin cáscara ni centros, en dados grandes**

rollos de pollo
a la indonesia

Preparación

1 Extender los muslos de pollo sobre una tabla. Aplanarlos con el mazo para darles un espesor parejo. Untar cada uno con 1 cucharada de salsa de curry.

2 Pelar los plátanos, cortarlos por el medio a lo largo y luego dividir cada parte en dos. Ubicar un trozo en el centro de cada muslo de pollo, enrollar y sujetar con palillos. Calentar el aceite en una cacerola de base ancha y dorar los rollos de todos lados, de a pocos por vez. Pasarlos a un plato y descartar el aceite de la cacerola.

3 Colocar en la cacerola la salsa de curry restante y el agua. Llevar a hervor, bajar la llama y agregar los rollos. Tapar y cocinar a fuego lento 35 minutos, dando vuelta una vez.

4 Pasar los rollos a una fuente precalentada y mantenerlos al calor. Si fuera necesario, subir el fuego y dejar que la salsa se reduzca hasta que espese. Bajar la llama, verter la leche de coco y cocinar lentamente 2 minutos. Incorporar los rollos y calentar todo junto.

5 Sofreír la piña en un poco de mantequilla hasta que apenas tome color y sazonar con pimienta. Disponer 1 o 2 tajadas de piña y un rollo de pollo en cada plato. Salsear y esparcir el coco. Acompañar con arroz al vapor.

4 porciones

ingredientes

1 kg/2 lb de muslos de pollo deshuesados
285 g/9 ¹/₂ oz de salsa de curry envasada
2 plátanos
2 cucharadas de aceite
¹/₂ taza/120 ml/4 fl oz de agua
150 ml/5 fl oz de leche de coco
1 piña fresca pequeña, pelada y finamente rebanada
pimienta negra recién molida
2 cucharadas de coco en hebras, tostado
arroz hervido para acompañar

pollo
a la española con chorizo

Preparación

1 *En una sartén antiadherente grande, sin aceite, dorar el pollo 5-8 minutos, dando vuelta cada tanto. Retirarlo y reservarlo. Descartar la grasa que haya soltado.*
Calentar el aceite en la sartén y freír la cebolla, el ajo y los pimientos 3-4 minutos, hasta que se ablanden. Incorporar el pollo, el pimentón, el jerez o vermut, los tomates, el laurel y la corteza de naranja. Llevar a hervor, luego tapar y cocinar a fuego lento 35-40 minutos, removiendo de tanto en tanto, hasta que el pollo esté a punto.

2 *Agregar el chorizo y las aceitunas y cocinar despacio 5 minutos más, para calentar. Sazonar a gusto.*
Nota: *Esta cazuela de aromas mediterráneos es igualmente buena si se come con arroz o con pan francés. Se puede usar caldo o jugo de naranja en lugar de jerez o vermut.*

4 porciones

ingredientes

8 presas de pollo, como patitas y muslos
2 cucharadas de aceite de oliva
1 cebolla, rebanada
2 dientes de ajo, machacados
1 pimiento rojo y 1 amarillo, sin semillas y rebanados
2 cucharaditas de pimentón
50 ml/2 fl oz de jerez o vermut secos
410 g/13 oz de tomates en lata, picados
1 hoja de laurel
1 espiral de corteza de naranja
70 g/2 1/2 oz de chorizo, rebanado
50 g/2 oz de aceitunas negras sin hueso
sal y pimienta negra

conservas

Chutneys y pickles

El dulzón chutney de mango, el ardiente aderezo de rábano, las frescas limas en conserva... todos suman un no sé qué a las recetas de este libro. Sabido es que pueden comprarse hechos, pero si se elaboran en casa se obtienen resultados al gusto de cada quien.

Pickles surtidos

Originarios de Medio Oriente, los pickles son una deliciosa guarnición para cualquier platillo de carne o pollo. Resultan atractivos si al envasarlos se alternan los distintos colores de los vegetales.

1/2 coliflor, en ramilletes
1 pimiento verde y 1 rojo, en tiras
2 tomates verdes, rebanados
2 zanahorias, rebanadas
2 tallos de apio, rebanados
75 g/2 $^1/_2$ oz de sal
1 litro/1 $^3/_4$ pt de agua
250 ml/8 fl oz de vinagre blanco
1 cucharada de azúcar
2 chiles rojos
ramitas de eneldo fresco
2 dientes de ajo

1 *Disponer los vegetales por capas en un recipiente y espolvorear cada capa con un poco de sal. Dejar reposar 6 horas. Enjuagar y escurrir.*
2 *Colocar en una cacerola el agua, el vinagre, el azúcar y la sal restante. Llevar a hervor, retirar y dejar enfriar.*
3 *Envasar los vegetales en frascos esterilizados, intercalando los chiles, el eneldo y el ajo. Verter el líquido, cerrar herméticamente y etiquetar. Estacionar 1 semana antes de consumir.*

2 litros/3 $^1/_2$ pt

Limas en conserva

Esta receta permite disfrutar en cualquier época del año del refrescante sabor de estas preciadas frutas. Estarán listas cuando la cáscara se ablande y el jugo se note espeso.

25 limas
12 chiles rojos pequeños
3 chiles verdes grandes, rebanados
1 trozo de 2 cm/$^3/_4$ in de jengibre, en tiras
2 cucharadas de semillas de mostaza negra
2 cucharadas de semillas de fenogreco
4 hojas de laurel
2 cucharadas de azúcar
2 cucharaditas de sal

1 *Cortar 8 limas en cuartos. Exprimir las restantes y reservar el jugo.*
2 *Envasar las limas en un frasco esterilizado, intercalando los chiles, el jengibre, la mostaza, el fenogreco, el laurel y pizcas de azúcar y sal. Cubrir con el jugo y tapar con muselina.*
3 *Guardar el frasco en un lugar templado por 4 días; cada día agregar pizcas de azúcar y de sal. Cerrar herméticamente y estacionar 6 semanas antes de consumir.*

2 litros/3 $^1/_2$ pt

Uso de las limas en conserva

Del mismo modo se pueden conservar limones. Ambos cítricos son fundamentales en la cocina del Mediterráneo. En esa región es costumbre usar sólo la piel y el jugo en estofados y cazuelas de maravillosa fragancia; la fruta les imparte un aroma único. La aparición de una película blanca en la superficie de la conserva no es motivo de preocupación; no es tóxica y se elimina con facilidad enjuagando los trozos antes de usarlos.

La cocina no es una ciencia exacta; para cocinar no se necesitan balanzas calibradas, pipetas graduadas ni equipamiento de laboratorio. Pero en algunos países, la conversión del sistema imperial al métrico o viceversa puede intimidar a muchos buenos cocineros.

En las recetas se indica el peso sólo de ingredientes tales como carnes, pescado, pollo y algunas verduras. Sin embargo, unos gramos (u onzas) en más o en menos no estropearán el éxito del plato.

Si bien estas recetas fueron probadas utilizando como estándares taza de 250 ml, cuchara de 20 ml y cucharita de 5 ml, también resultarán con tazas de 8 fl oz o de 300 ml. Se dio preferencia a las medidas indicadas según recipientes graduados en lugar de las expresadas en cucharadas, de modo que las proporciones sean siempre iguales. Cuando se indican medidas por cucharadas no se trata de ingredientes críticos, de manera que emplear cucharas algo más pequeñas no afectará el resultado de la receta. En el tamaño de la cucharita, al menos, todos coincidimos.

En cuanto a los panes, pasteles y tartas, lo único que podría causar problemas es el empleo de huevos, ya que las proporciones pueden variar. Si se trabaja con una taza de 250 ml o 300 ml, utilizar huevos grandes (60 g/2 oz); con la taza de 300 ml puede ser necesario agregar un poco más de líquido a la receta; con la taza de 8 fl oz, utilizar huevos medianos (50 g/1 $^{3}/_{4}$ oz). Se recomienda disponer de un juego de tazas y cucharas medidoras graduadas, en particular las tazas para medir los ingredientes secos. Recuerde rasar los ingredientes para asegurar la exactitud en la medida.

Medidas norteamericanas

Se supone que una pinta americana es igual a 16 fl oz; un cuarto, a 32 fl oz y un galón, a 128 fl oz. En el sistema imperial, la pinta es de 20 fl oz; el cuarto, de 40 fl oz y el galón, de 160 fl oz.

Medidas secas

Todas las medidas se consideran al ras. Cuando llene la taza o cuchara, rase el nivel con el filo de un cuchillo. La escala que se presenta a continuación es de "equivalentes para cocinar", no es la conversión exacta del sistema métrico al imperial. Para calcular las equivalencias exactas, use la proporción de 2,2046 lb = 1 kg o 1 lb = 0,45359 kg.

Métrico	Imperial	
g = gramos	oz = onzas	
kg = kilogramos	lb = libras	
15 g	$^{1}/_{2}$ oz	
20 g	$^{2}/_{3}$ oz	
30 g	1 oz	
60 g	2 oz	
90 g	3 oz	
125 g	4 oz	$^{1}/_{4}$ lb
155 g	5 oz	
185 g	6 oz	
220 g	7 oz	
250 g	8 oz	$^{1}/_{2}$ lb
280 g	9 oz	
315 g	10 oz	
345 g	11 oz	
375 g	12 oz	$^{3}/_{4}$ lb
410 g	13 oz	
440 g	14 oz	
470 g	15 oz	
1000 g - 1 kg	35,2 oz -2,2 lb	
1,5 kg	3,3 lb	

Temperatura del horno

Las temperaturas Celsius que damos no son exactas; están redondeadas y se incluyen sólo como guía. Siga la escala de temperaturas del fabricante de su horno, cotejando con el tipo de horno que se describe en la receta. Los hornos de gas calientan más en la parte superior; los hornos eléctricos, más en la parte inferior, y los hornos por convección suelen ser parejos. Incluimos la escala Regulo para cocinas de gas, que puede ser de utilidad. Para convertir grados Celsius a Fahrenheit, multiplique los °C por 9, divida por 5 y luego sume 32.

Temperaturas del horno

	°C	°F	Regulo
Muy bajo	120	250	1
Bajo	150	300	2
Moderadamente bajo	160	325	3
Moderado	180	350	4
Moderadamente alto	190-200	370-400	5-6
Caliente	210-220	410-440	6-7
Muy caliente	230	450	8
Máximo	250-290	475-500	9-10

Medidas de moldes redondos

Métrico	Imperial
15 cm	6 in
18 cm	7 in
20 cm	8 in
23 cm	9 in

Medidas de moldes rectangulares

Métrico	Imperial
23 x 12 cm	9 x 5 in
25 x 8 cm	10 x 3 in
28 x 18 cm	11 x 7 in

Medidas de líquidos

Métrico	Imperial	Taza y cuchara
ml	fl oz	
mililitros	onzas líquidas	
5 ml	$^1/_6$ fl oz	1 cucharadita
20 ml	$^2/_3$ fl oz	1 cucharada
30 ml	1 fl oz	1 cucharada más 2 cucharaditas
60 ml	2 fl oz	$^1/_4$ taza
85 ml	2 $^1/_2$ fl oz	$^1/_3$ taza
100 ml	3 fl oz	$^3/_8$ taza
125 ml	4 fl oz	$^1/_2$ taza
150 ml	5 fl oz	$^1/_4$ pinta
250 ml	8 fl oz	1 taza
300 ml	10 fl oz	$^1/_2$ pinta
360 ml	12 fl oz	1 $^1/_2$ taza
420 ml	14 fl oz	1 $^3/_4$ taza
500 ml	16 fl oz	2 tazas
600 ml	20 fl oz - 1 pinta	2 $^1/_2$ tazas
1 litro	35 fl oz - 1 $^3/_4$ pinta	4 tazas

Medidas por tazas

Una taza de los siguientes ingredientes equivale, en peso, a:

	Métrico	Imperial
Albaricoques secos, picados	190 g	6 oz
Almendras enteras	155 g	5 oz
Almendras fileteadas	90 g	3 oz
Almendras molidas	125 g	4 oz
Arroz cocido	155 g	5 oz
Arroz crudo	220 g	7 oz
Avena en hojuelas	90 g	3 oz
Azúcar	250 g	8 oz
Azúcar glass, tamizada	155 g	5 oz
Azúcar morena	155 g	5 oz
Cáscara de cítricos confitada	220 g	7 oz
Chocolate en trocitos	155 g	5 oz
Ciruelas secas, picadas	220 g	7 oz
Coco deshidratado	90 g	3 oz
Hojuelas de maíz	30 g	1 oz
Frutas desecadas (surtidas, pasas de uva)	185 g	6 oz
Frutas secas, picadas	125 g	4 oz
Germen de trigo	60 g	2 oz
Grosellas	155 g	5 oz
Harina	125 g	4 oz
Jengibre confitado	250 g	8 oz
Manzanas secas, picadas	125 g	4 oz
Materia grasa (mantequilla, margarina)	250 g	8 oz
Miel, melaza, jarabe de maíz	315 g	10 oz
Pan seco molido, compacto	125 g	4 oz
Pan seco molido, suelto	60 g	2 oz
Queso rallado	125 g	4 oz
Semillas de ajonjolí	125 g	4 oz

Longitud

A algunos les resulta difícil convertir longitud del sistema imperial al métrico o viceversa. En la escala siguiente, las medidas se redondearon para obtener números más fáciles de usar.

Para lograr la equivalencia exacta de pulgadas a centímetros, multiplique las pulgadas por 2,54, en virtud de lo cual 1 pulgada es igual a 25,4 milímetros y un milímetro equivale a 0,03937 pulgadas.

Métrico	Imperial
mm = milímetros	in = pulgadas
cm = centímetros	ft = pies
5 mm - 0,5 cm	$^1/_4$ in
10 mm - 1,0 cm	$^1/_2$ in
20 mm - 2,0 cm	$^3/_4$ in
2,5 cm	1 in
5 cm	2 in
8 cm	3 in
10 cm	4 in
12 cm	5 in
15 cm	6 in
18 cm	7 in
20 cm	8 in
23 cm	9 in
25 cm	10 in
28 cm	11 in
30 cm	1 ft, 12 in

índice